EDITORIAL

*Der Fotograf **Arthur F. Selbach** ist in Hamburg zu Hause und war speziell für diesen HB Bildatlas mehrfach an der Costa Brava auf Motivsuche.*

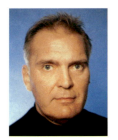

***Achim Bourmer** lebt in Köln. Seine Liebe zu Spanien hat er bereits während des Studiums in Sevilla entdeckt.*

Liebe Leserinnen, liebe Leser!

Die Costa Brava ist für mich eine ideale Ferienregion, fast jeder kommt hier auf seine Kosten. Kleine versteckte Badebuchten, in denen man genüsslich einen ganzen Sonnentag bei Sport und Spaß verbringen kann, ein Stück weiter endlos lange Sandstrände, die sich vorzüglich für ausgedehnte Spaziergänge am Morgen oder Abend anbieten, und garantiert sind natürlich auch viele kulturelle und kulinarische Erlebnisse.

Salvador Dalí und Antoni Gaudí

Kulturell Interessierte werden im Hinterland fündig, schließlich ist Katalonien eine uralte Kulturregion. Es gibt hier viele mittelalterliche Städtchen – mein persönlicher Favorit ist Girona –, eindrucksvolle Klosteranlagen und archäologische Ausgrabungsstätten. Und immer wieder Dalí. Salvador Dalí stammt aus Figueres und hat in seiner Geburtsstadt und an der Küste deutliche Spuren hinterlassen. Antoni Gaudí ist der nächste Name, an dem man nicht vorbeikommt. Gaudí hat sich in Barcelona betätigt und der Stadt seinen unverwechselbaren Baustil als Erbe hinterlassen.

Spritziges Vergnügen

Wenn es Ihnen so geht wie mir und Sie eine Vorliebe für spritzige Weingenüsse haben, sollten Sie zudem einen Trip ins Penedès (südwestlich von Barcelona) einplanen. Die sanften Hügel dieser Landschaft erinnern an die Toskana. Hier gedeihen rote und weiße Trauben, die die Grundlage liefern für den "Cava". Dieser spanische in Flaschengärung hergestellte Schaumwein kann bestens mit guten deutschen Sektsorten, mit einem Cremant oder häufig sogar mit einem Champagner konkurrieren. Am besten probieren Sie die edlen Tropfen vor Ort, in einer Kellerei oder direkt beim Winzer – oder aber in einer der eleganten Bars in Barcelona!

Dabei und bei allen anderen Unternehmungen an der Costa Brava wünsche ich Ihnen viel Spaß!
Herzlich Ihre

Birgit Borowski
Birgit Borowski
Programmleiterin HB Bildatlas

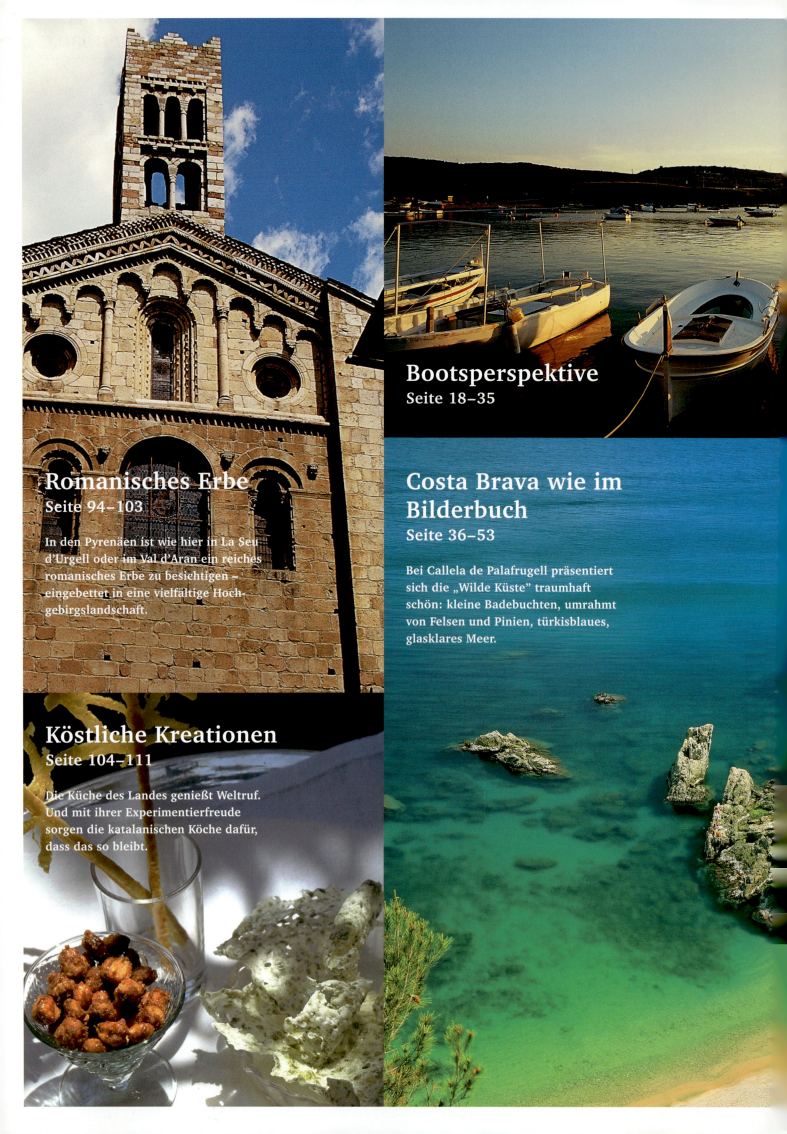

Bootsperspektive
Seite 18–35

Romanisches Erbe
Seite 94–103

In den Pyrenäen ist wie hier in La Seu d'Urgell oder im Val d'Aran ein reiches romanisches Erbe zu besichtigen – eingebettet in eine vielfältige Hochgebirgslandschaft.

Costa Brava wie im Bilderbuch
Seite 36–53

Bei Callela de Palafrugell präsentiert sich die „Wilde Küste" traumhaft schön: kleine Badebuchten, umrahmt von Felsen und Pinien, türkisblaues, glasklares Meer.

Köstliche Kreationen
Seite 104–111

Die Küche des Landes genießt Weltruf. Und mit ihrer Experimentierfreude sorgen die katalanischen Köche dafür, dass das so bleibt.

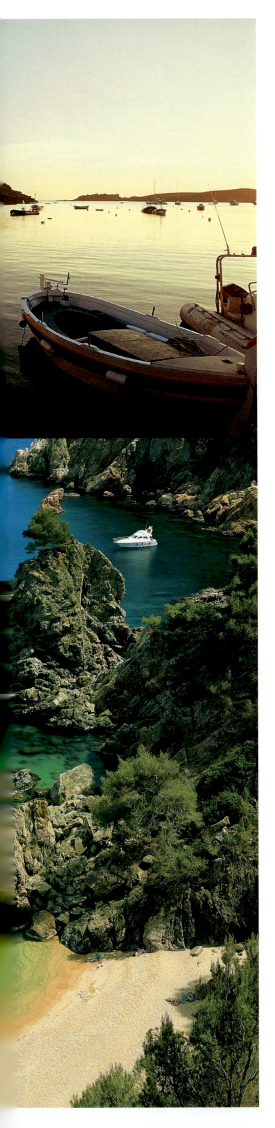

INHALT

4–5

IMPRESSIONEN 8–17

Landschaften und Alltag an der Costa Brava: das Meer zu unterschiedlichen Tageszeiten, Städte und Kultur im Hinterland, ausgelassene Fischerfeste – und immer wieder die Schönheit der Küste.

NÖRDLICHE COSTA BRAVA 18–35

Wild, schön und touristisch
Der nördliche Abschnitt der Costa Brava hält Abwechslung bereit: zerklüftete Felsenkaps, Badebuchten, Sandstrände, mit Cadaqués das „schönste Dorf der Costa Brava" und die Dalí-Stadt Figueres.
Straßenkarte 32
Infos 33

SÜDLICHE COSTA BRAVA 36–53

Ein Film machte den Anfang
Idyllische Küstenlandschaften und große Urlauberzentren bestimmen das Bild der südlichen Costa Brava. Dazu mittelalterliche Städtchen und Girona.
Straßenkarte 50
Infos 51

BARCELONA 54–69

Schönes, stolzes Barcelona
Die Hauptstadt Kataloniens gehört zu den interessantesten Metropolen Europas. Angefangen bei den Rambles über die Bauten des Modernisme bis hin zu den Hafenvierteln bietet Barcelona quirliges Leben, spannende Architektur, ein großes Kulturangebot und ein ausgiebiges Nachtleben.
Cityplan 66
Infos 67

COSTA DAURADA 70–83

Goldener Sand, perlender Sekt
Die „Costa Daurada", die goldene Küste, zieht sich südlich von Barcelona bis zum Ebre-Delta hinunter. Weite Sandstrände bestimmen das Bild. Und auch hier wieder ein Hinterland, das einen genaueren Blick lohnt: Neben alten Städtchen findet man in der Region gleich mehrere Klosteranlagen.
Straßenkarte 80
Infos 81

ZENTRALKATALONIEN 84–93

Ruhiges Herz Kataloniens
Sehenswerte Städte am Südhang der Pyrenäen erwarten Urlauber, die eine Tour in Richtung Westen machen: Vic, Olot und vor allem Ripoll, die „Wiege Kataloniens". Und weiter nach Süden hin fasziniert einer der größten Besuchermagneten Spaniens: das Kloster Montserrat.
Straßenkarte 90
Infos 91

PYRENÄEN 94–103

Bergregion mit Sonderstatus
Inmitten hoher Pyrenäengipfel liegt der Zwergstaat Andorra, der schon im Mittelalter einen besonderen Status hatte. Auch das Val d'Aran ist eigene Wege gegangen. Verschwenderische landschaftliche Schönheit prägt diese Gebirgsregionen.
Straßenkarte 100
Infos 101

SAVOIR VIVRE 104–111

Katalonien für Genießer
Auch Genießer sind in Katalonien richtig: Die experimentierfreudige Küche genießt einen exzellenten Ruf, die Winzer produzieren hervorragende Weine; leckere Desserts, feines Gebäck und Schokoladen gibt es ebenfalls zu entdecken.

ANHANG 112–118

Service – Daten und Fakten 112
Register 117
Impressum 117
Vorschau, lieferbare Ausgaben 118

TOPZIELE

▶ DIE BESTEN TIPPS DER REDAKTION

AKTIV

01 Grandiose Gebirgslandschaft 102
Die urwaldähnliche Hochgebirgslandschaft des Nationalparks Aigüestortes in den Pyrenäen ist ein Eldorado für Wanderer. Am schönsten ist der Park im Mai/Juni und September/Oktober.

ERLEBEN

02 Mittelalter zum Anfassen 91
Das vielbesuchte mittelalterliche Städtchen Besalú südwestlich von Figueres steht komplett unter Denkmalschutz. Die besondere Atmosphäre des Ortes ist am besten am Abend zu spüren – wenn die Tagestouristen wieder in ihren Hotels an der Küste sind.

03 Panoramazug 91
Ein Reiseerlebnis der besonderen Art ist die Tour mit der „Cremallera": Die Zahnradbahn klettert in 45 Minuten 1059 m hoch von Ribes de Freser bis zum 2000 m hoch gelegenen Santuari de Núria.

04 Filmreife Kulisse 52
Für Marc Chagall war der Ort das „blaue Paradies". Ein Kinofilm machte das Küstenstädtchen in den 1950er-Jahren weltberühmt: Tossa de Mar darf sich rühmen, mit der Vila Vella eine der schönsten Altstädte Spaniens zu haben.

05 Berühmte Flaniermeile 67
Wer Barcelonas Atmosphäre konzentriert in sich aufnehmen möchte, sollte mindestens einmal über das 1180 m lange Kernstück der Rambles vom Columbusdenkmal bis zur Plaça de Catalunya spazieren.

06 Außergewöhnliche Erfahrung 82
Das versprechen die Betreiber des zweitgrößten Vergnügungsparks in Europa: „Port Aventura" bietet u.a. eine Reise um die Welt vom Mittelmeer über China, Polynesien und Mexiko bis in den Wilden Westen.

KULTUR

07 Kunst-Provokateur 34
„Wer interessieren will, muss provozieren", sagte Salvador Dalí, eine der produktivsten und schillernsten Künstlerpersönlichkeiten des 20. Jahrhunderts. Im Teatre-Museu in Figueres ist ein Großteil seines Lebenswerkes zu sehen.

08 Auf antiken Spuren 34
Empúries ist eine der größten Ruinenstätten Spaniens. Archäologen rekonstruierten dort einen Teil des Forums, wo sich das religiöse Zentrum der römischen Siedlung einstmals befand.

09 Gotischer Riese 51
In Girona haben Judentum, Christentum und Islam ihre Spuren hinterlassen. Heute wird die verwinkelte, mittelalterliche Altstadt dominiert von der Kathedrale mit dem breitesten gotischen Kirchenschiff der Welt.

10 Manifestation des Glaubens 67
Auch nach mehr als hundert Jahren Bauzeit ist die Kirche Sagrada Família in Barcelona noch immer nicht vollendet. Antoni Gaudí schuf das Meisterwerk des Modernisme „als Stein gewordene Manifestation der Worte Christi".

11 Picassos Jugendwerk 68
Die weltweit wichtigste und vollständigste Sammlung der Frühwerke Pablo Picassos ist im Palast der Familie Berenguer d'Aguilar zu sehen. Picasso selbst vermachte dem Museum eine bedeutende Sammlung von Jugendbildern.

12 Kloster im „zersägten Berg" 93
Zwischen die beiden „Hälften" des „zersägten Berges" (Mont Serrat) liegt auf 725 m Höhe das Kloster Santa Maria de Montserrat. Das Benediktinerkloster ist einer der bekanntesten Wallfahrtsorte des katholischen Glaubens.

GRÜNES LAND HINTER DER KÜSTE

Schon wenige Kilometer jenseits der „Wilden Küste" zeigt Katalonien bei Torroella de Montgrí sein „anderes Gesicht": Weite fruchtbare Ebenen wechseln mit kahlen Gebirgsketten, bunt blühende Wiesen mit trockenem Ackerland. Und kilometerweit findet man kaum Siedlungen.

UNBERÜHRTER MORGEN

Noch liegt kühle Morgenluft über der Bucht von Palafrugell. Kaum hörbar schlagen kleine Wellen an den Strand, es riecht nach Meer und Salz. Nur noch wenige Stunden, dann wird Calella wieder einer der lebhaftesten Ferienorte der Costa Brava sein.

SARDELLEN ALS DELIKATESSE

In Spanien kennt sie jeder – „anxoves" aus L'Escala, eingelegte Sardellen, die hierzulande als ausgesprochene Köstlichkeit gelten. Beim Anchovi-Fest kann man zusehen, wie die kleinen Fische in Handarbeit eingesalzen werden. Genau so haben es schon die Römer im benachbarten Empúries gemacht, dort gab es mehrere Einsalzungsbetriebe.

IM PARADIES

Glasklares Wasser, sanftes Wellenplätschern, weißer Sand, Sonnenwärme und der Duft der Pinien. Ein Bad im türkisfarbenen Meer, ein Gang zu den Felsen und ein kühles Getränk im Strandkiosk. Mehr ist hier am Cap Roig nicht los. Und das reicht vollkommen, um das Feriendasein zu genießen.

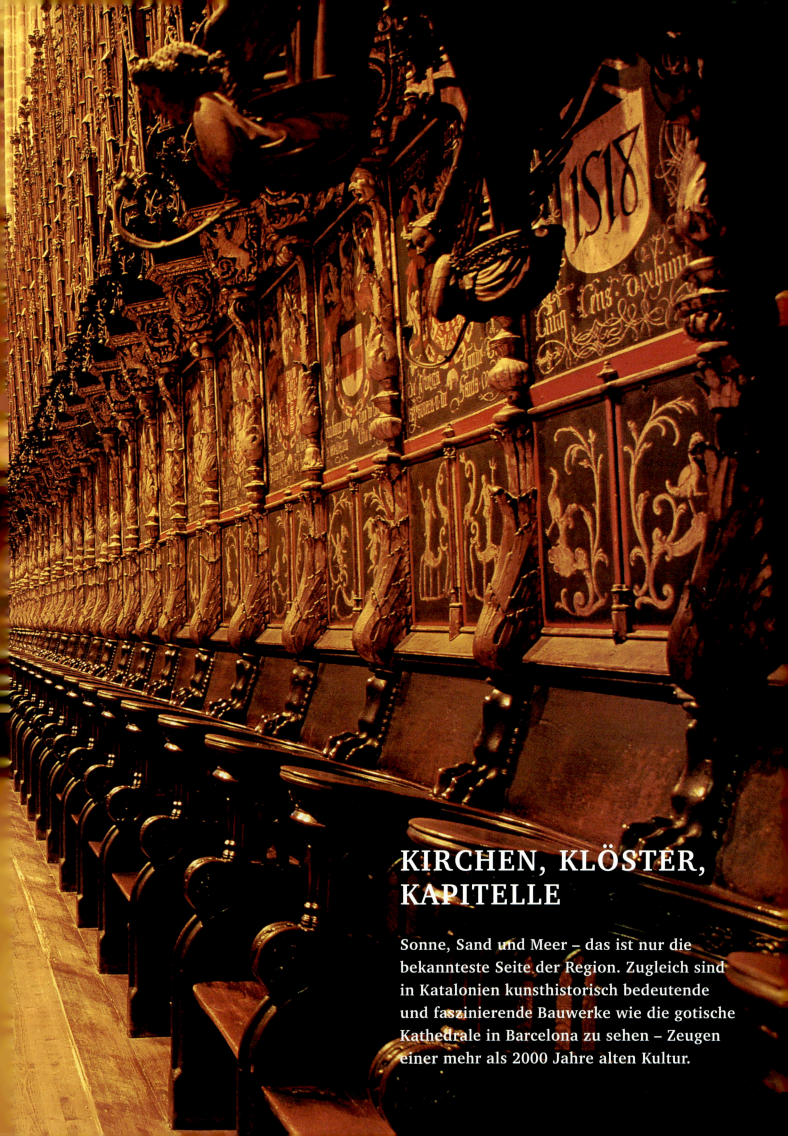

KIRCHEN, KLÖSTER, KAPITELLE

Sonne, Sand und Meer – das ist nur die bekannteste Seite der Region. Zugleich sind in Katalonien kunsthistorisch bedeutende und faszinierende Bauwerke wie die gotische Kathedrale in Barcelona zu sehen – Zeugen einer mehr als 2000 Jahre alten Kultur.

NÖRDLICHE COSTA BRAVA

Wild, schön und touristisch

„Wild" nannte einst ein katalanischer Dichter die Küste seiner Heimat beim Anblick der wüsten Felslandschaft am Meer – und diesen Namen erhielt die Costa Brava wenig später als geografische Bezeichnung. Dabei ist die Küste gar nicht überall wild, sondern teilweise denkbar zahm und von harmloser Schönheit. Zivilisiert wurde sie längst – für den Tourismus steht eine gewaltige Unterhaltungsindustrie bereit, und von dem großen Künstler der Region, Salvador Dalí, sind diverse kulturelle Hinterlassenschaften erhalten.

Bootsfahrt an der Wilden Küste

NÖRDLICHE COSTA BRAVA

„Wer interessieren will, muss provozieren."

Salvador Dalí

Costa Brava, „Wilde Küste", taufte der katalanische Dichter Ferran Agulló Ende des 19. Jahrhunderts die Küste im äußersten Nordosten der Iberischen Halbinsel, als er von einer Anhöhe aus die zerklüfteten Felsen am Meer bewunderte. „Wilde Küste" – diese Namensschöpfung wurde 1908 als geografische Bezeichnung eingeführt. Wild ist der nördliche Küstenabschnitt Kataloniens zwischen der französischen Grenze und Blanes an vielen Stellen tatsächlich. Schroff abfallende, zerfurchte Felsklippen, an denen die Meeresbrandung tobt, und teilweise winzige, oft schwer zugängliche zauberhafte Buchten mit Schatten spendenden Pinien und glasklarem Wasser sind ihr Kennzeichen.

Bausünden

Aber es gibt auch viele Stellen, an denen die zur Provinz Girona gehörende Costa Brava überhaupt nicht „wild" ist und man vergeblich nach Gründen für den sprechenden Namen sucht. Denn auch breite und flache feinsandige Strände, wie etwa südlich des Cap de Creus am Golf von Roses, erwarten die Besucher an der Costa Brava. An solchen flachen Küstenstreifen hat sich die Szenerie in den letzten 50 Jahren komplett gewandelt – kaum zu glauben, dass Roses noch Mitte des 20. Jahrhunderts ein beschauliches kleines Fischerdorf war! In den 1960er-Jahren begann man an der Costa Brava zu bauen. Das Resultat waren gewaltige Hotel-Skylines am Strand, hässliche Betonburgen, die in der Sommersaison immense Menschenmassen aufnehmen. Die Einwohnerzahl von Roses wächst im Sommer von normalerweise 13 000 auf das Sieben- bis Achtfache an! Katalonien findet man in solchen Betonschluchten gewiss nicht, aber das sucht hier auch keiner. Vielerorts hat man die Fehlentwicklung mittlerweile erkannt und den Bau neuer Feriensiedlungen verboten, an anderen Stellen schreitet die Zubetonierung der Costa Brava aber nach wie vor fort.

„Schönstes Dorf der Costa Brava"

Glücklicherweise ließen sich nicht alle Küstengemeinden von der Bauhysterie der letzten Jahrzehnte mitreißen, und so konnten sich noch einige Orte einen gewissen Charme vergangener Zeiten bewahren. So zum Beispiel Cadaqués, das den Titel „schönstes Dorf der Costa Brava" zu sein, für sich beansprucht. Das einstige Fischerdorf am östlichen Rand einer Halbinsel, die sich mit dem Cap de Creus weit ins Meer hinausschiebt, übte schon zu Beginn des 20. Jahrhunderts eine besondere Anziehungskraft aus. Damals wie heute begeistert Cadaqués seine Besucher mit

01 *Hoch über der Küste – Sant Pere de Rodes*
02 *Bizarre Felslandschaft am Cap de Creus*
03 *Fischerboote im Hafen von El Port de la Selva*
04 *Panoramablick über den Golf von Roses*

NÖRDLICHE COSTA BRAVA

22–23

hübschen weißen Häuschen und schmalen, verwinkelten Gassen, die sich an einer muschelförmigen, steilen Bucht den Hang hinaufziehen. In das wunderschöne Fischerdorf kamen Maler, Schriftsteller und Musiker: Max Ernst, Pablo Picasso, Federico García Lorca und später der kolumbianische Literaturnobelpreisträger Gabriel

„Dem Engagement Salvador Dalís ist es zu verdanken, dass Cadaqués nicht durch Betonburgen verschandelt wurde."

García Márquez oder auch Mick Jagger von den Rolling Stones schätzten den idyllischen kleinen Ort.
Berühmtester Gast von Cadaqués aber war Salvador Dalí, der im benachbarten Port Lligat jahrelang ein Landhaus bewohnte. Dalí schuf hier einen Großteil seines Lebenswerks – Gemälde, Grafiken, Skulpturen, Materialbilder, die Träume und paranoide Visionen zeigen, mit Perspektiven und optischen Täuschungen spielen und bis ins Detail akribisch ausgeführt sind. Dem Engagement des exzentrischen Künstlers ist es wohl auch zu verdanken, dass das „schönste Dorf der Costa Brava" nicht durch Betonburgen verschandelt wurde.

Teatre-Museu in Figueres

Und auch die im Hinterland gelegene Stadt Figueres – der Geburtsort von Salvador Dalí – profitiert bis heute von dem Künstler. 1974 wurde im früheren Stadttheater das Teatre-Museu Salvador Dalí eingeweiht und entwickelte sich schnell zum meistbesuchten Museum in Katalonien. Nicht weniger als 700 000 Besucher werden hier jedes Jahr gezählt, mehr sind es in ganz Spanien nur im Prado in Madrid und im Guggenheim-Museum in Bilbao. 1918 hatte der junge Dalí – er war damals gerade einmal 14 Jahre alt – hier seine

01 *Dalí in allen Variationen, hier als Fensterbild*
02 *Blick auf die Altstadt von Cadaqués*
03 *Cadaqués: in der Bucht Es Pianc*

SPECIAL — Kreative Küche

Ferran Adrià: der verrückte "Dalí der Küche"

Er gilt als verrücktester Koch auf Erden, seine Küche gleicht einem Labor. Permanent versucht er, das Kochen neu zu erfinden.

Restaurantkritiker Wolfram Siebeck nennt ihn den „genialsten, verrücktesten und originellsten Koch der westlichen Welt", der französische Starkoch Joël Robuchon bezeichnet ihn als „besten Koch des Planeten", das amerikanische Magazin „Gourmet" taufte ihn „Dalí der Küche". Tatsächlich zählt Ferran Adrià, Küchenchef des mit drei Michelin-Sternen ausgezeichneten Restaurants „El Bulli" bei Roses, zu den innovativsten Köchen der Welt.

Unerwartete Kontraste
In seinem Restaurant müssen Gäste ständig mit anfangs befremdlich wirkenden Speisen rechnen – etwa einer Kombination aus Parmesan und Eis. Mit unerwarteten Geschmacks- und Temperaturkontrasten zu überraschen, das gehört zur Philosophie des 1962 in Barcelona geborenen Kochkünstlers. Über drei Stunden verteilt, werden 30 Gänge, Tapa-ähnliche Kostproben, im „Bulli" angeboten.

Kochexperimentator aus Barcelona: Ferran Adrià

Koch-Kreationen aus dem Labor
Alljährlich ändert sich die Menüabfolge. Adrià unterhält in Barcelona eine Versuchsküche, die einem Labor ähnelt und in der er mit anderen Köchen unermüdlich neue kulinarische Spezialitäten kreiert. Wer eines der über 170 Euro teuren Menüs genießen möchte, muss Monate im Voraus einen Platz reservieren.

Fantastische Nachtisch-Kreation für Gourmets im El Bulli

NÖRDLICHE COSTA BRAVA

erste Ausstellung gezeigt; jetzt ist ein Großteil seines Gesamtwerks in den Räumen zu sehen.

Schon das Gebäude selbst, in dem das Museum untergebracht ist, ist eine Attraktion. Von weitem sieht man bereits die Plexiglaskuppel und die Rieseneier auf dem Dach des in Ochsenblutrot gestrichenen Bauwerks. Das ehemalige Teatro Principal, das 1848 eingeweiht worden war, brannte 1939 im Bürgerkrieg aus und wurde nicht wieder aufgebaut. Erst nachdem Dalí es für seine Ausstellungszwecke ausgewählt hatte, wurde 1968 mit Bauarbeiten begonnen. Nach Plänen von Pérez Piner setzte man die Netzkuppel ein. Die Grundstruktur des früheren Theaters blieb weitgehend erhalten.

Das Innere jedoch war nach dem Umbau nicht mehr wiederzuerkennen. Der einstige Zuschauerraum wurde zu einem Innenhof umgebaut, der heute als Ausstellungsfläche für Skulpturen, Plastiken und Objekte dient. Dalí selbst leitete bei der Gestaltung seiner „Pinakothek" die Dekorierung und „Dalinisierung" des Innern. Erst Jahre nach der Eröffnung des Museums erweiterte man die Ausstellungsräumlichkeiten um die Torre Galatea, in der Dalí bis zu seinem Tod 1989 wohnte.

Das erste U-Boot
Neben Dalí kann Figueres noch einen anderen berühmten Sohn vorweisen: Narcís Monturiol (1819 – 1885). Monturiol wurde in Figueres geboren, studierte in Barcelona und ist bekannt als Erfinder des ersten brauchbaren Unterseebootes. Die Idee dazu kam ihm, der sich seit Studienzeiten für die Belange der Arbeiter einsetzte, als er an der Küste bei Cadaqués mitansehen musste, wie ein Korallentaucher ertrank. So entwickelte er zunächst ein Tauchboot, mit dem es möglich sein sollte, zum küstennahen Boden zu tauchen und Korallen zu sammeln, was damals eine recht einträgliche Tätigkeit war. 1859 tauchte sein „Ictíneo", ein 13,5 Meter langes

01 *Kuppel des Teatre-Museu Salvador Dalí*
02 *Im Teatre-Museu Salvador Dalí in Figueres*
03 *Schlafzimmer in Dalís Landhaus in Port Lligat*

U-Boot aus Holz, in den Häfen von Barcelona und Alicante erfolgreich jeweils zwei Stunden lang. Dieses erste U-Boot wurde durch menschliche Kraft in Bewegung gesetzt – die Schraube wurde per Hand von 16 Männern angetrieben. Der anschließend entwickelte „Ictíneo II" wurde von einer Dampfmaschine in Bewegung gesetzt. Er unternahm insgesamt 13 Tauchfahrten mit einer maximalen Tauchtiefe von 30 Metern; die längste Fahrt dauerte 7,5 Stunden. Monturiol übernahm sich mit seinem Projekt finanziell und musste das Boot, um seine Schulden begleichen zu können, schließlich zum Schrotthändler bringen. Sein „Ictíneo I", der „Große Fisch", wurde 1992 originalgetreu nachgebaut und ist heute vor dem Aquarium im Hafengebiet von Barcelona zu besichtigen.

Nur Umkehr möglich
Eine von eisernen Wänden flankierte Treppe führt auf eine steile Felsklippe und endet vor einer Glasscheibe, die einen herrlichen Blick auf die Küstenlandschaft erlaubt, aber zur Umkehr zwingt: ein Denkmal für Walter Benjamin, das von dem israelischen Künstler Dani Karavan entworfen und 1994 hoch über Portbou im Auftrag von Deutschland und Katalonien errichtet wurde. Das Monument mit dem Titel „Passagen" – so genannt in Anleh-

01 *Castelló d'Empúries: Basilica Santa Maria*
02 *Blick in die Basilica Santa Maria*
03 *Peralada: Weinkeller unter alten Gewölben*
04 *Peralada: Bibliothek im Convent del Carme*

NÖRDLICHE COSTA BRAVA

28–29

nung an Benjamins unvollendet gebliebenes „Passagen-Werk" – steht für die Ausweglosigkeit, die den Gelehrten an der französisch-spanischen Grenze in den Selbstmord trieb. Im Kriegsjahr 1940 war der in Berlin geborene deutsche Philosoph, Autor und Literaturkritiker (1882 – 1940) auf der Flucht vor den Nazis, die ihn mit anderen Flüchtlingen über die französisch-spanischen Pyrenäen geführt hatte, im Grenzort Portbou angekommen.

„Aus Angst, in die Hände der Gestapo zu fallen, beging Walter Benjamin im Grenzort Portbou Selbstmord."

Der jüdische Gelehrte besaß zwar ein gültiges Visum für die USA, doch die spanischen Grenzbehörden untersagten ihm die Weiterreise quer über die Iberische Halbinsel nach Lissabon, wo er sich zur Fahrt in die Vereinigten Staaten einschiffen wollte. Der Grund: In seinem Pass fehlte der französische Ausreisestempel. Einen Tag nachdem sie die Grenze erreicht hatten, sollten die Flüchtlinge an Frankreich ausgeliefert werden. Aus Angst, damit in die Hände der Gestapo zu fallen, beging Walter Benjamin am 27. September 1940 mit einer Überdosis Morphium Selbstmord. Dieser tragische Tod soll die spanischen Grenzer derart erschüttert haben, dass sie den Fluchtgefährten Walter Benjamins sofort die Weiterreise über Spanien erlaubten.

01 *Frischer Fisch wird in L'Escala eingesalzen*
02 *Beim Anchovi-Fest in L'Escala*
03 *Fangreusen-Herstellung in L'Escala*
04 *Bootsfahrt am Cap de la Barra bei L'Estartit*

NÖRDLICHE COSTA BRAVA

30–31

„Das größte Übel der heutigen Jugend besteht darin, dass man nicht mehr dazugehört." Salvador Dalí

01 Felseneilande vor dem Strand von L'Estartit
02 Fachsimpeln über Wind und Bretter
03 Surfmeisterschaften in Sant Pere de Pescador

Unterwegs im Dalí-Dreieck

Figueres, Port Lligat und Púbol – diese drei Orte bilden das so genannte Dalí-Dreieck. Dort hat der exzentrische „größte Maler der Welt" – wie er sich selbst nannte – drei außergewöhnliche touristische Attraktionen hinterlassen. Darüber hinaus bietet die Region neben einigen schönen Stränden idyllische Küstendörfer wie Cadaqués und einige eindrucksvolle historische Bollwerke wie das Castell de Montgrí und das Castell de Sant Fernan.

01 MONESTIR SANT PERE DE RODES

Der Monestir Sant Pere de Rodes liegt in einer Höhe von 600 m in den Felsen über dem Meer. Allein wegen der herrlichen Aussicht auf die Küstenlandschaft lohnt ein Besuch des Klosters, schon die Auffahrt vom Küstenort El Port de la Selva ist ein grandioses Erlebnis. Über die genaue Bauzeit der romanischen Klosteranlage herrscht Unklarheit. Eine erste Erwähnung fand der einer Trutzburg ähnelnde Konvent im Jahr 879. 1798 verließen die letzten Mönche das Kloster, das dann mehr und mehr verfiel. Sant Pere de Rodes gilt als eine der bedeutendsten Klosterruinen an der Costa Brava.

SEHENSWERT Innerhalb der Klosterruine sind ein **Glockenturm** und ein fensterloser **Wachturm** recht gut erhalten. Besonders eindrucksvoll ist die dreischiffige **romanische Kirche** (1022), an die sich südlich ein doppelstöckiger Kreuzgang und die Klostergebäude anschließen. In der Kirche ist nur noch wenig Figurenschmuck vorhanden, die schönsten Stücke befinden sich im Museu Marès in Barcelona und im Schloss von Peralada bei Figueres (geöffnet: Di. – So. 10.00 – 20.00, im Winter bis 17.00 Uhr).

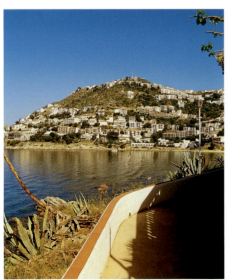

Blick auf die Bucht von Canyelles Petites bei Roses

UMGEBUNG An der Küste unterhalb von Sant Pere de Rodes liegt der kleine Ort **El Port de la Selva**, der sich wegen der oft starken Winde bei Seglern und Windsurfern großer Beliebtheit erfreut. **Llança** 8 km nordwestlich von El Port de la Selva ist der nördlichste Badeort der Costa Brava. Wegen der schönen Strände kommen im Sommer relativ viele Touristen hierher, dennoch geht es in Llança immer noch vergleichsweise ruhig zu. Landschaftlich eindrucksvoll ist das **Cap de Creus** westlich von El Port de la Selva.

INFORMATION
El Port de la Selva, Mar, 1
Tel. 972387025, Fax 972387413
www.ddgi.es/porselva

02 CADAQUÉS

Cadaqués ist zwar nur über eine schmale, kurvenreiche Straße zu erreichen und besitzt keine schönen Sandstrände, trotzdem zieht das abgelegene idyllische Küstendorf mit den hübschen weißen Häusern viele Besucher an.

SEHENSWERT Überragt wird der Ort von der Kirche **Santa Maria** aus dem 17. Jahrhundert. In ihrem Innern sind ein vergoldeter Holzaltar (1727) und eine barocke Orgel sehenswert. Das **Städtische Museum** zeigt Werke u.a. von Picasso und Dalí sowie Fotos von Dalí und seiner Frau Gala, die der französische Fotograf Marc Lacroix anfertigte, der das Ehepaar über Jahrzehnte fotografisch begleitete (Carrer Narcis Monturiol, 15; geöffnet: Mo. – Sa. 11.00 – 13.30, 15.00 – 19.30, So. 11.00 – 13.30 Uhr). Besuchermagnet im benachbarten **Port Lligat** ist das ehemalige, direkt am Wasser gelegene Wohnhaus von Salvador Dalí, die **Casa-Museu Salvador Dalí**. Eigentlich handelt es sich bei dem „Haus" um eine Ansammlung kleiner Fischerhütten, die über schmale Gänge und kleine Treppen miteinander verbunden sind. Auf dem Dach sieht man die überdimensionalen weißen Betoneier, Dalís Markenzeichen. Ein Besuch der Casa-Museu Salvador Dalí muss angemeldet werden, da der Eintritt in Gruppen von max. acht Personen in 15-minütigen Intervallen organisiert wird (www.dali-estate.org).

UNTERKUNFT Beste Adresse der Stadt mit herrlichem Blick über die Bucht: das Vier-Sterne-Haus **Hotel Playa Sol**; Platja Pianch, 3, Tel. 972258100, Fax 972258054, www.playasol.com.

RESTAURANT Es Baluard ist ein empfehlenswertes Fischlokal in der Festung (baluard); Riba Nemesio Llorens, Tel. 972258183.

INFORMATION
Cotxe, 2 A
Tel. 972258315, Fax 972159442
www.cadaques.org

03 ROSES

Roses, das größte Touristenzentrum an der nördlichen Costa Brava, ist eine uralte Stadt – bereits im 8. Jh. v. Chr. wurde sie von den Griechen gegründet. Das Bild des Badeortes, der einen 4 km langen, familienfreundlichen Sandstrand besitzt, wird durch die Hotelhochhäuser westlich und südöstlich des Stadtzentrums geprägt.

Tipp

Blick ins Meer

Höchst reizvolle Ausflüge zum Meeresgrund kann man mit den Booten unternehmen, die mehrmals täglich vom Hafen von L'Estartit aus die Illes Medes ansteuern. Die Boote sind mit Kabinen ausgestattet, die unter Wasser liegen. Durch die Glassichtfenster genießt man einen prächtigen Blick auf den Meeresgrund und auf zahlreiche Fischschwärme: Barsche, Makrelen und Hechte ziehen ruhig durch das Wasser.

Die rund einstündige Fahrt kostet für Erwachsene ca. 20 €

SEHENSWERT In der Nähe des westlichen Stadtstrandes liegt das ummauerte, 39 000 m² große Gelände der einstigen **Zitadelle**, die Kaiser Karl V. (bzw. König Karl I. von Spanien) 1543 zum Schutz des Hafens errichten ließ. Weite Teile der alten Befestigungsanlage wurden von napoleonischen Truppen gesprengt. Am markantesten sind die Reste der romanischen Kirche **Santa Maria**.

VERANSTALTUNG Auf der Plaça de Catalunya, dem Hauptplatz von Roses, wird von Juni bis September jeden Samstagabend die **Sardana**, der katalanische Nationaltanz, getanzt.

INFO

UNTERKUNFT Das relativ teure **Monterrey** ist ein komfortables, familiengerechtes Haus, das in einem kleinen Park mit Schwimmbad steht; Passeig Marítim 106, Tel. 972256676, Fax 972253869, E-Mail: hotel@monterrey.es.

RESTAURANT Ein rustikales Lokal mit katalanischer und französischer Küche ist das **Flor de Lis**. Es gibt ausgezeichnete Fischspezialitäten, u.a. auf Bestellung den ortstypischen Fischeintopf Suquet de Roses (Carrer Cosconilles, 47, Tel. 972254316). Das beste Restaurant an der Costa Brava und eines der renommiertesten in ganz Spanien ist das **El Bulli** (Cala Montjoi, Tel. 972150457, s. S. 25).

UMGEBUNG Südwestlich von Roses breitet sich die 1967 fertig gestellte Lagunensiedlung **Empúriabrava** aus. Die Retortenstadt wird von einem weit verzweigten Netz künstlicher Kanäle durchzogen, an denen Einfamilien-Ferienhäuser und kleine Apartmentblöcke – oft mit eigenem Bootssteg – liegen.
Die „größte Marinasiedlung der Welt", wie man hier gern für sich wirbt, ist mit ihrem riesigen Sandstrand ein Paradies für Wassersportler. Um Empúriabrava herum erstrecken sich Teile des **Parc Natural Aiguamolls de l'Empordà**, des nach dem Ebre-Delta größten Sumpfgebietes in Katalonien. Auf ausgeschilderten Wanderwegen und von Hochständen aus kann man die reichhaltige Tier- und Pflanzenwelt des Feuchtgebietes erkunden.

INFORMATION
Roses: Av. Rhode, 101
Tel. 972150537, Fax 972151150
www.roses.cat
Empúriabrava
(auch zuständig für Castelló d'Empúries, s.u.):
Av. Pompeu Fabra
Tel. 972450802, Fax 972450600
www.empuriabrava.com

04 FIGUERES

Dass Figueres alljährlich von Abertausenden von Menschen besucht wird, ist dem Teatre-Museu Salvador Dalí zu verdanken. Doch in dem Landstädtchen gibt es auch eine hübsche, lebhafte Rambla mit vielen Straßencafés, interessante Museen und eine große Festung.

SEHENSWERT Im Nordwesten der Innenstadt steht das als Bollwerk gegen Frankreich erbaute sternförmige **Castell de Sant Fernan** (1753 – 1766), einst die zweitgrößte Festung Europas (geöffnet: tgl. 10.30 – 19.00, im Winter bis 14.00 Uhr).

MUSEEN Schon von weitem sind die riesigen Eier auf dem Dach des früheren Stadttheaters zu erkennen, in dem Salvador Dalí 1974 sein eigenes Museum eröffnete. Das rot angestrichene **Teatre-Museu Salvador Dalí** ▶ **TOPZIEL** zeigt in konzentrierter Form einen Großteil von Dalís Werk. Ungewöhnlich ist insbesondere ein Deckengemälde mit schwebenden Gestalten. Wegen der gewählten Perspektive – die Figuren sind von unten dargestellt – sieht man die Fußsohlen überdimensional groß.
Das „**Regen-Taxi**" trägt eine Statue des Wiener Künstlers Ernst Fuchs auf der Kühlerhaube – wer eine Münze einwirft, sorgt dafür, dass es im Auto zu regnen beginnt (geöffnet: Sommer tgl. 9.00 – 19.45, Winter 10.30 – 17.45 Uhr).
Das **Museu del Joguet** (Ramblat, 10) präsentiert ca. 4000 unterschiedliche Spielsachen, u.a. Puppen, Drehorgeln und Dreiräder (geöffnet: Di. bis Sa. 10.00 – 13.00, 16.00 – 19.00, So. 11.00 bis 13.00, im Sommer zusätzlich 17.00 – 19.00 Uhr).

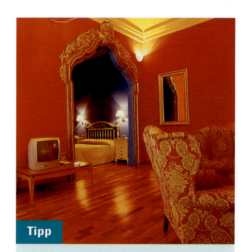

Tipp

Alt und Neu

Abgesehen vom orangefarbenen Anstrich unterscheidet sich das Hotel de la Moneda, ein Vier-Sterne-Hotel in Castelló d'Empúries, äußerlich kaum von den rechts und links angebauten Häusern. Eingerichtet wurde es in einem ehemaligen Landhaus im alten Judenviertel des Ortes. Eine wahre Pracht ist die Inneneinrichtung des im Frühjahr 2002 eröffneten Hotels: Die elf Zimmer sind in sehr kräftigen, warmen Farben gestrichen, und einige Salons besitzen alte, gut restaurierte Deckengewölbe. Stille, großer Komfort und ein ausgezeichneter Service erwarten hier die Gäste.

Hotel de la Moneda
Plaça de la Moneda, 8 – 10
Tel. 972158602, Fax 972158124
www.hoteldelamoneda.com

Die Rambla ein Stück weiter hinunter sind im **Museu de l'Empordà** Exponate aus der katalanischen Landschaft Empordà zu sehen: Kunstwerke von der Antike bis zur Gegenwart, u.a. Funde aus Ullastret und Empúries (geöffnet: Di. – Sa. 11.00 bis 19.00, So. 11.00 – 14.00 Uhr).

UMGEBUNG Ein völlig anderes Bild als die Küstenorte vermittelt das 10 km östlich von Figueres gelegene Städtchen **Castelló d'Empúries**, im Mittelalter Hauptstadt der Grafen von Empúries. Man findet in dem ummauerten historischen Zentrum und den teils engen Kopfsteinpflastergassen noch einige schöne Gebäude; die ältesten stammen aus dem Mittelalter.
Prunkstück der Stadt ist die Basilica Santa Maria (13. – 15. Jh.), ein für den Ort überdimensionales dreischiffiges Gotteshaus mit vorwiegend gotischen Bauelementen, das – nach der Kathedrale von Girona – wichtigstes religiöses Denkmal der Provinz Girona ist.
Rund 6 km nordöstlich von Figueres liegt das mittelalterliche, für seinen Cava, den katalanischen Sekt, bekannte Städtchen **Peralada**. Im Schloss von Peralada ist ein elegantes Spielkasino untergebracht. Für Besucher mit kulturellem Interesse bietet sich der Convent del Carme an, der eine Bibliothek mit 80 000 Bänden besitzt und auch ein sehenswertes Wein- und Glasmuseum beherbergt.

UNTERKUNFT Ein komfortables und zentral gelegenes Hotel ist das **Durán**, ein Hotel der gehobenen Mittelklasse, dem ein Restaurant mit sehr guter regionaler Küche angeschlossen ist; Lasauca, 5, Tel. 972501250, Fax 972502609, www.hotelduran.com.

INFORMATION
Plaça del Sol
Tel. 972503155, Fax 972673166
www.figueresciutat.com

05 L'ESCALA

L'Escala ist traditionsreicher Fischerhafen, beliebter Badeort und bekannt für seine in Salz eingelegten Sardellen (anxoves), die in ganz Spanien als Delikatesse erhältlich sind. In L'Escala kann man in einem der vielen Fischrestaurants gut essen, und einmal im Jahr kommen Besucher von nah und fern zum Anchovi-Fest.

UMGEBUNG Die **Ruinas de Empúries** ▶ **TOPZIEL**, das Ausgrabungsgelände der größten bisher in Spanien entdeckten griechisch-römischen Siedlung, befinden sich unmittelbar nördlich von L'Escala direkt am Meer. Zu sehen

NÖRDLICHE COSTA BRAVA

sind Fundamente von Privathäusern, Tempeln und Geschäften sowie Teile von Straßen und einer Stadtmauer. Von dem ehemaligen Küstenort, der im 9. Jh. n. Chr. zerstört wurde, ist erst rund ein Viertel ausgegraben.

STRÄNDE Direkt neben der Ausgrabungsstätte von Empúries und weiter nördlich gibt es sehr schöne Sandstrände. Einen der schönsten Strände der Costa Brava überhaupt findet man bei **Sant Pere Pescador**: ein 6,5 km langer, rund 100 m breiter, familienfreundlicher Strand, der auch bei Windsurfern sehr beliebt ist.

06 L'ESTARTIT

Bauliche Sehenswürdigkeiten hat die kleine, sehr touristische Stadt L'Estartit nicht zu bieten, dafür aber schöne Sandstrände und vor allem die Illes Medes, in deren Unterwasserwelt sich eine reiche Tier- und Pflanzenwelt erhalten hat.

UMGEBUNG Die **Illes Medes** sind kleine felsige Eilande, die etwa 1 km vor der Küste liegen und einen schönen Akzent im Meer darstellen. Meda Gran, die größte der insgesamt sieben Inseln, war einst Schlupfwinkel von normannischen, algerischen und türkischen Piraten und später Militärstützpunkt. Seit 1890 sind die Illes Medes unbewohnt. Die Unterwasserwelt um die Inseln ist beliebtes Taucher- und Schnorchelrevier.

STRÄNDE Attraktiv ist die **Platja Gran**, ein 50 bis 100 m breiter Strand, der 3 km lang ist und flach ins Wasser abfällt. Am Ort selbst ist der Strand recht voll, aber etwas weiter entfernt findet man schöne einsame Fleckchen.

UNTERKUNFT Das Mittelklassehotel Hotel **Panorama** an der Strandpromenade ist bei französischen und Schweizer Reisegruppen beliebt. Von einigen Zimmern aus bietet sich ein Ausblick auf die Illes Medes; Avinguda de Grècia, 5, Tel. 72751092, Fax 972750119.

INFORMATION
Passeig Marítim
Tel. 972751910, Fax 972751749
www.visitestartit.com

07 TORROELLA DE MONTGRÍ

Von L'Estartit aus ca. 6 km landeinwärts liegt das mittelalterliche Städtchen Torroella de Montgrí, in dem einige historische Bauwerke erhalten sind und das vom Castell de Montgrí, einer immensen Festung aus dem 13. Jh., überragt wird.

SEHENSWERT Im Mittelpunkt der Altstadt liegt die **Plaça de la Vila** mit dem mittelalterlichen Rathaus, der kleinen Kirche Sant Antoni aus dem 13. Jh. und schönen Arkadengängen. Westlich vom Hauptplatz befindet sich in einem historischen Gebäude (Carrer d'Ullà, 31) das **"Centre Cultural de la Mediterrània"**. Es informiert mit vielen interaktiven Elementen über die Zivilisation des Mittelmeerraumes. Am nördlichen Rand der Altstadt steht die Kirche **Sant Genís**, ein gotischer Bau aus dem 15. Jh., der im 19. Jh. umfassend restauriert wurde.

Das **Castell de Montgrí**, das man vom Kirchenvorplatz gut sehen kann, liegt auf dem 309 m hohen Montgrí (Grauer Berg). Der Bau mit der quadratischen Festung wurde im 13. Jh. begonnen und ist nie beendet worden. Auf diese Weise entstanden nur die 13 m hohen Mauern und die gewaltigen Rundtürme, das Innere blieb leer. Zwar ist der etwa einstündige Weg hinauf anstrengend, aber man wird mit einer wunderbaren Aussicht auf Umland und Küste belohnt.

MUSEEN In der **Casa Quintana** an der Plaça d'Espanya/Carrer d'Ulla befindet sich das Museu de la Mediterrània, dessen reiche regionalgeschichtliche Sammlungen über das ländliche Leben vergangener Zeiten berichten. Im Carrer del Església 10 ist im Palau Soltera, einem stattlichen Renaissance-Palais, das **Museu Art 2000** mit Werken zeitgenössischer katalanischer Maler und Bildhauer untergebracht.

UMGEBUNG 8 km südwestlich von Torroella de Montgrí befindet sich in der Nähe des kleinen Dorfs Ullastret das **Poblat Ibèric**, die Ausgrabungsstätte einer iberischen Siedlung, die wohl im 7. Jh. v. Chr. angelegt wurde. Zu sehen sind hier u.a. Reste einer Stadtmauer und zweier Tempel. In dem Museum auf dem Gelände kann man sich über die Verbreitung der Iberer in Katalonien informieren.

In dem 15 km westlich von Ullastret gelegenen Dorf **Púbol** steht Salvador Dalís Landschloss, dessen Wahrzeichen die spinnenbeinigen Elefanten im Garten sind (geöffnet: im Sommer tgl. 10.30 – 19.30, im Winter Di. – So. bis 17.30 Uhr).

UNTERKUNFT Das Hotel **Palau Lo Mirador**, ein Fünf-Sterne-Hotel direkt neben der Kirche von Torroella de Montgrí, ist in einem Schloss aus dem 12. Jh. eingerichtet. Es gibt einen hübschen Patio, und wer in einer der großen Suiten mit antikem Mobiliar wohnt, hat wirklich das Gefühl, in einem Palast zu residieren; Pg. de l'Església, Tel. 972758063, Fax 972758246, www.palau-lomirador.com

Nicht versäumen!

Teatre-Museu Salvador Dalí
An keinem anderen Ort der Welt tritt einem das Werk des Surrealisten Salvador Dalí so konzentriert entgegen wie in Figueres. Es gibt keine Kunstrichtung, die im Teatre-Museu nicht verfremdet oder parodiert wird.

 TOPZIEL   Siehe Nr. **04**

Römische Ruinen
Empúries ist eine der bedeutendsten antiken Ruinenstätten Spaniens. Freigelegt wurden die Fundamente von Privathäusern, öffentlichen Einrichtungen, Teile der Straßen, Wasserleitungen und Stadtmauer.

 TOPZIEL   Siehe Nr. **05**

Welt unter Wasser
Die besonders reichhaltige Unterwasserfauna und -flora rund um die Illes Medes lassen sich auch ohne Sauerstoff-Flasche und Schnorchel erkunden: Von L'Estartit starten mehrmals täglich Ausflugsboote mit Glasboden und freier Sicht zum Meeresgrund.

Siehe Nr. **06**

Traumstrand
6,5 km lang, 100 m breit, heller feiner Sand, der kinderfreundlich flach ins Wasser abfällt: Einer der schönsten Strände der Costa Brava befindet sich bei Sant Pere Pescador.

Siehe Nr. **05**

Monastir Sant Pere de Rodes
Die Klosterruine gehört zu den imposantesten Zeugnissen der romanischen Architektur in Katalonien. Der Ausblick über die Küste und das Meer ist atemberaubend – und lohnt schon für sich einen Besuch.

Siehe Nr. **01**

SÜDLICHE COSTA BRAVA

Küstenweg am Cap Roig

Ein Film machte den Anfang

Ein Spielfilm machte die Costa Brava berühmt: Kurz nachdem er in den Kinos angelaufen war, suchten die ersten Touristen den schönen Flecken Erde auf, an dem die Zelluloid-Liebesgeschichte gedreht worden war. Wenig später schon kamen die Besucher in Scharen, und die Costa Brava begann ihr Gesicht zu verändern. Der Tourismus bestimmt an der Küste inzwischen so sehr das Geschehen, dass ein Ort sogar „Calella de los Alemanes" genannt wird: das Calella der Deutschen. Und mittlerweile profitieren vom Tourismusgeschäft auch die mittelalterlichen Städtchen fern der Küste im Hinterland.

SÜDLICHE COSTA BRAVA

38–39

In den frühen 1950er-Jahren gab es an der Costa Brava so gut wie keinen Tourismus. Lediglich ein paar Familien aus Barcelona verbrachten hier ihren Sommerurlaub. In den kleinen Küstenorten lebte man in erster Linie vom Fischfang, und in den größeren Gemeinden war die Korkindustrie der größte Arbeitgeber. Doch das sollte sich ändern. Die Costa Brava wurde als Touristenziel entdeckt, und schuld daran war auch ein Film.

„Pandora und der fliegende Holländer"

Albert Puig Palau, ein Industrieller aus Barcelona und Mäzen zahlreicher Schauspieler, lud Ende der 1940er-Jahre den Regisseur Albert Lewin an die Costa Brava ein, der gerade einen Film über den Mythos der Pandora und den Fliegenden Holländer vorbereitete. Der Filmemacher aus England zeigte sich begeistert von der Wilden Küste, und 1950 begann er mit den Dreharbeiten zu „Pandora und der fliegende Holländer". Der Film erzählt die Geschichte einer Liebe jenseits von Raum und Zeit. Im Mittelpunkt steht eine wunderschöne Frau – Pandora Reynolds, ge-

> „Nach Pandora war für die Einwohner von Tossa nichts mehr so wie früher ... und für die restlichen Dörfer auch nicht."

spielt von der Hollywood-Diva Ava Gardner –, um deren Liebe ein spanischer Torero (Mario Cabré), ein britischer Rennfahrer (Nigel Patrick) und ein holländischer Seemann (James Mason) kämpfen.
Es war das erste Mal, dass eine ausländische Produktionsgesellschaft an der Costa Brava filmen ließ. Die spektakulären Autojagdszenen wurden in S'Agaró, Sant Feliu de Guíxols und Platja d'Aro gedreht, der wichtigste Teil der Dreharbeiten fand jedoch in Tossa de Mar statt, das unter dem Fantasienamen „Porta Esperanze"

01 *Seichtes Wasser in der Bucht von Aiguablava*
02 *Restaurant Sa Rascassa in Cala de Aiguafreda*
03 *Badebucht bei Sant Pol de Mar*
04 *Über Begur thront eine Burgruine*

01 *Hotel Sant Roc in Calella*
02 *Tauchpause in Calella de Palafrugell*
03 *Nebelschleier in der Bucht von Palafrugell*

SÜDLICHE COSTA BRAVA

SPECIAL — Leckeres Fast-Food à la Espana

Geliebter Bocadillo

Fast-Food-Ketten erfreuen sich auch in Katalonien größter Beliebtheit. Klangvoll sind ihre Namen: Bocata World, Pans & Company oder Mister Bocata. Und während in anderen Ländern meist Hamburger, Chicken Wings und Pizzas auf dem Speiseplan stehen, gibt es in den spanischen Läden belegte Brötchen: „bocadillos" (spanisch) oder „entrepans" (katalanisch).

Bocadillos mit Tortilla, Sardellen, Seranoschinken

Service wie in Amerika

Spanisch an diesem Fast Food ist nur der Belag, bei dem sich jede Kette mit einem eigenen Profil versucht. So bietet Pans & Company auf seiner achtsprachigen Speisekarte u.a. einen Bocadillo namens „Vic" (mit Dauerwurst und aufgestrichener Tomate) an, einen „Alsaciano" (mit Hühnchen, Zwiebeln, gebratener Paprika und Mayonäse) und den „Noruego" (mit Lachs, Philadelphia, Ei und Essiggurken). Nicht spanisch sind die Aufmachung der Lokale und der Service. Hier hat man bei den Vorbildern aus Übersee abgeguckt. Gäste stellen sich in einer Schlange an und erhalten nach kurzer Zeit von uniformierten Bediensteten das bestellte Essen auf Plastiktabletts – den Bocadillo in Papiertüten, das Getränk in Plastikbechern, Salat und Pommes in Styroporschälchen. Natürlich gibt es auch Menü-Sonderangebote. Das Brot ist ebenfalls nicht spanisch. Statt des faden Stangenweißbrotes gibt es die schmackhaftere französische Variante des Baguette. Filialen der Bocadillo- bzw. Entrepans-Ketten findet man in allen größeren Städten in Katalonien und am Flughafen von Barcelona.

(Hafen der Hoffnung) in Erscheinung trat. Hier filmte man u.a. die Stierkampfszene, bei der der in Pandora verliebte Torero vom Stier getötet wird. Zahlreiche Einwohner aus Girona, die dabei als Statisten mitwirkten, schwärmten von der Schönheit Ava Gardners. Die Presse dichtete der Schauspielerin, die zu diesem Zeitpunkt ein Verhältnis mit Frank Sinatra hatte, sogar eine Romanze mit dem spanischen Torero und Filmschauspieler Mario Cabré an. Woraufhin ein wütender Sinatra auf der Landkarte nach einem Dorf namens Tossa gesucht haben soll. Der Engländer James Mason hingegen wollte mit all dem Klatsch nichts zu tun haben und zeichnete in seinen freien Stunden die alten Gassen des Hauptdrehortes.

Der Film zeigte Wirkung. Einige Monate nach Ende der Dreharbeiten traf eine Gruppe englischer Touristen in Tossa ein, die den Streifen zu Hause gesehen hatten; wenig später suchten Busse aus Deutschland die Küstendörfer der Costa Brava aus dem gleichen Grund auf. Anlässlich des 50. Jahrestages der Uraufführung von „Pandora und der fliegende Holländer", die im Jahr 2001 im Museu del Cinema von Girona mit einer Ausstellung gewürdigt wurde, sagte der katalanische Fotograf Manel Fàbregas, der während der Dreharbeiten zahlreiche Aufnahmen ge-

04 Platja d'Aro gehört zu den bekanntesten Urlaubszentren an der Costa Brava

SÜDLICHE COSTA BRAVA

42–43

macht hatte: „Nach Pandora war für die Einwohner von Tossa nichts mehr so wie früher ... und für die restlichen Dörfer an der Küste von Girona auch nicht."

Schönheit mit Mängeln

Das westlich von Girona gelegene Calella de Palafrugell war einer der ersten Küstenorte, die den Touristenandrang zu spüren bekamen – ein ausgesprochen hübscher und belebter Badeort mit einem Hafen, der ein beliebtes Fotomotiv ist. Außerhalb der Hochsaison schlief die kleine Gemeinde noch bis vor wenigen Jahren einen Dornröschenschlaf: Die Restaurants machten fast alle dicht, auf den Straßen begegnete man ausschließlich Einheimischen.

Doch das hat sich geändert. Viele Barceloneser haben Calella de Palafrugell als Wochenendziel entdeckt, inzwischen kommen sie das ganze Jahr über. Und ein nahes Ferienziel ist es auch. In der Hauptsaison, also zwischen dem 1. August und dem 15. September, wird der Küstenort vorwiegend von katalanischen Urlaubern bevölkert. Manche Familien verbringen ganze Wochen hier an der Küste – recht wohlhabende übrigens, wie sich an den zahlreichen Hunden erkennen lässt, die als Statussymbol sehr geschätzt sind. Der Ort lebt vom Tourismus, und man sollte meinen, dass er sich rundum herrichtet; bei genauerer Betrachtung gibt es aber einige grobe Schönheitsfehler im Bild des heiteren Badeortes: Ganz offensichtlich haben die Verantwortlichen der steinreichen Gemeinde Palafrugell, zu der Calella gehört, keinen Blick dafür, was mit ihrer „Zona verde" passiert. In dieser naturgeschützten Grünzone lagern etliche Bauunternehmen frech ihre Materialien und werden hierfür nicht belangt.

Eine wenig umweltfreundliche Politik betreibt auch die Keramikstadt La Bisbal. Den Bau einer Umgehungsstraße um dieses Städtchen hatte man schon begonnen, doch mussten die Baumaßnahmen auf Druck des Gemeinderates hin eingestellt werden: Der befürchtete nämlich, dass mit den Autos auch die Kunden der zahlreichen Keramikläden an der Hauptstraße ausbleiben würden.

So müssen sich Autofahrer in der Hochsaison weiterhin im Schritttempo durch La Bisbal quälen. Für die Fahrt von Palafrugell nach Girona, die eigentlich nur 30 Minuten dauert, braucht man im Sommer wegen des hohen Verkehrsaufkommens in La Bisbal oft genug fast zwei Stunden.

Mittelalter pur

Während La Bisbal weiß Gott kein touristisches Juwel darstellt, haben sich andere Gemeinden im Küstenhinterland in den letzten Jahrzehnten fein herausgeputzt. Den Anfang machte Pals, das von vielen seiner Bewohner verlassen worden war und immer mehr verfiel. Ende der 1950er-Jahre ließ ein Arzt aus Barcelona in Pals ein Haus im traditionellen Stil restaurieren – offenbar mit ansprechendem Resultat, denn schon bald folgten andere Städter seinem Beispiel.

Rund drei Jahrzehnte dauerte die mehrfach ausgezeichnete Restaurierung der mittelalterlichen Altstadt, die sich über einen Hügel zieht und nur für Fußgänger zugänglich ist. Allerdings wirkt der ruhige, alte Ortskern mit seinen gepflasterten Gassen und unverputzten Häusern aus ockerfarbenem Naturstein nun fast schon etwas zu museal.

Weitaus lebendiger ist dagegen das kleine Städtchen Peratallada neun Kilometer weiter westlich. Peratallada liegt auf einem Felsen, der dem Ort seinen Namen gab – „pedra tallada" heißt soviel wie „gemeißelter Stein". In den engen Gässchen mit dem holprigen Kopfsteinpflaster findet man liebevoll eingerichtete Geschäfte und Lokale, und im Kastell mitten im Ortszentrum hat sich ein nobles Hotel eingerichtet.

Provinzhauptstadt mit Flair

35 Kilometer von der Küste entfernt liegt Girona, die Hauptstadt der Provinz Girona

01 *Arkaden an der Plaça de les Voltes, Peratallada*
02 *Hotel Castell in Peratallada*
03 *Peratallada: im Garten des Hotels Miralluna*
04 *Sant Feliu de Guíxols: Casino dels Nois*
05 *Plaça de les Voltes, Peratallada*

und damit die Hauptstadt der gesamten Costa Brava. Der historische Ortskern erstreckt sich am Ufer des Riu Onyar, der noch im Stadtgebiet in den Riu Ter mündet. Girona gilt wegen der schönen Altstadt, in der arabische, jüdische und christliche Kultur ihre Spuren hinerlassen haben, als die „katalanischste Stadt". In diesem historischen Zentrum ist immer noch das Mittelalter präsent.

Schade nur, dass die meisten Urlauber, die in Girona landen, sich vom Flughafen aus direkt in Richtung Küste begeben, denn die Altstadt ist sehr sehenswert. Vor allem das jüdische Viertel El Call mit seinen engen Gassen und mehrstöckigen alten Gebäuden direkt unterhalb der Kathedrale. Heute wirkt dieser Stadtteil sehr romantisch, im Mittelalter jedoch herrschte in El Call pure Raumnot, denn nur in diesem Viertel durften die Juden sich niederlassen.

„El Call", das jüdische Viertel von Girona

Girona beherbergte vom Ende des 9. Jahrhunderts bis 1492 die nach der von Barcelona wichtigste jüdische Gemeinde in Katalonien. Die Bezeichnung „Call" für das Viertel, in dem die Juden lebten, leitet sich ab von dem hebräischen Wort „kahal", was soviel wie Gemeinschaft bedeutet. Für die Bewohner des Call gab es ein eigenes Hos-

01 *Girona: Blick auf Riu Onyar und Kathedrale*
02 *Kreuzgang der Kathedrale*
03 *Der mittelalterliche Ortskern von Pals*
04 *Girona: Treppenaufgang im jüdischen Viertel*

SÜDLICHE COSTA BRAVA

46–47

pital, ein Waisen- und ein Armenhaus. Die Juden durften per königlichem Dekret einen eigenen Bürgermeister stellen, der sich nur vor dem katalanischen König verantworten musste. Anfang des 13. Jahrhunderts bildete sich in der jüdischen Gemeinde von Girona die erste Gruppe von Kabbalisten in Spanien, die wesentlich zur Entwicklung dieser mittelalterlichen jüdischen Geheimlehre beitrug.

Bis in die zweite Hälfte des 13. Jahrhunderts lebten Christen und Juden friedlich nebeneinander. 1391 aber stürmten fanati-

„Für diesen politischen Willkürakt bat König Juan Carlos I. erst 1992 das jüdische Volk offiziell um Vergebung."

sierte Christen den Call und ermordeten 40 Juden. Nun erlebten jüdische Bewohner auch behördliche Repressalien; so durften sie ab 1445 ihr Viertel nur noch mit gekennzeichneter Kleidung verlassen. 1492 wurden alle jüdischen Einwohner auf königlichen Befehl hin aus Spanien vertrieben – ein politischer Willkürakt, für den König Juan Carlos I. das jüdische Volk erst 1992 offiziell um Vergebung bat. Anders als in Barcelona entstand in Girona nach 1492 nie wieder eine jüdische Gemeinde.

Fest in deutscher Hand

Der südlichste Abschnitt der Costa Brava zwischen Malgrat de Mar und Barcelona gehört nicht mehr zur Provinz Girona, sondern zur Provinz Barcelona. Dieser Küstenstreifen wird als Costa del Maresme bezeichnet – „Marschland-Küste", die, wie der Name schon andeutet, ein flaches, manchmal sumpfiges Hinterland begrenzt. Weite, nahezu ebene und feinsandige Strände ziehen sich bis nach Barcelona hinunter. Eine Bahnlinie und eine stark befahrene Küstenstraße trennen die Strände von den Küstenorten. Bei ausländischen

01 *Badebucht bei Lloret de Mar*
02 *Filmreif: Tossa de Mar*
03 *Blanes: im Jardi Botànic „Mar i Murtra"*

„Im Hafen sind Schiffe am besten aufgehoben, aber dafür hat man sie nicht gebaut."

Aurelius Augustinus

Touristen steht insbesondere der Abschnitt zwischen Malgrat und Arenys de Mar hoch im Kurs.

Die turbulenteste Stadt ist sicher Calella mit riesigen Hotel- und Apartmentanlagen, schönen Stränden und einem enormen Freizeitangebot. Tag für Tag rollen in der Haupt- und Nebensaison Busse mit Pauschal-Touristen aus nördlichen Ländern an. Über viele Jahre kamen die Gäste hauptsächlich aus Deutschland, weshalb der Ort auch den durchaus nicht schmeichelhaft zu verstehenden Ruf genießt, „Calella de los Alemanes" zu sein: das Calella der Deutschen.

Oktoberfest in Spanien

Und um diesem Namen rundum gerecht zu werden, hat man in dem deutschen Calella sogar ein richtiges Oktoberfest eingeführt! Mit Blasmusik, Tanzkapellen und Abordnungen von deutschen Bierbrauereien. Unglaublich, aber wahr – im Oktober hat man hier fast das Gefühl, in München zu sein.

Calellas schönstes Viertel, die Hotelmeile an der Küstenstraße neben dem Bahngleis, ist nach wie vor fest in deutscher Hand; das Hotelpersonal spricht meist Deutsch, und abends dröhnt aus Lautsprechern deutsches Liedgut, das schon vor ein paar Jahrzehnten veraltet war.

Doch inzwischen kommen auch Briten und Russen in Scharen nach Calella und fühlen sich hier offenbar sehr wohl – insbesondere in der Altstadt, in deren engen Straßen zahlreiche Geschäfte und Restaurants um die Gunst der Passanten buhlen und im Sommer nachts das Leben pulsiert.

Und da die Deutschen schon das Viertel an der Küstenstraße belegt haben, haben die Briten sich weiter oben in dem Stadtteil jenseits der Hauptstraße eingerichtet. Und auch dort scheint man sich gut zu amüsieren: Spanische Lokale und englische Pubs laden zum Kampf-Trinken ein und zur „Happy hour": Dann beginnt schon der frühe Abend mit zwei Getränken zum Preis von einem ...

01 *Fischer bei der Arbeit*
02 *Hafen von Arenys de Mar*
03 *Fangfrisch und eisgekühlt*
04 *Am Hafen von Blanes wird Fisch angelandet*

Das Herz der Costa Brava

In der Region liegt mit Girona die Hauptstadt der Provinz und damit der Costa Brava. Sie gilt mit ihrem zauberhaften mittelalterlichen Barri Vell als eine der „katalanischsten Städte". Den Titel „Königin der Costa" trägt die „Geheimhauptstadt" der Wilden Küste, Sant Feliu de Guíxols. Der Ort kommt ohne die Hektik und die Betonburgen der benachbarten Touristenhochburgen wie Lloret de Mar und La Platja d'Aro aus. Nebenan liegt gleich die „Perle der Costa", Tossa de Mar.

01 BEGUR

Etwa 3 km von der Küste entfernt liegt das Städtchen Begur. Mit seinen mittelalterlichen Häusern und Gassen schmiegt es sich um einen Bergkegel, auf dem die Ruine eines im 11. Jh. erbauten Kastells thront. Wer durch Begur bummelt, findet in den Gassen viele kleine Boutiquen und Restaurants.

STRÄNDE Die Strandabschnitte in der Nähe von Begur – großenteils von Felsen umgebene Buchten – zählen zu den malerischsten der Costa Brava: **Platja Aiguablava, Platja de Fornells, Sa Tuna, Sa Riera,** der FKK-Strand **Platja d'Illa Roja** und die kilometerlange **Platja de Pals** (von Süd nach Nord). An der Platja Aiguablava gibt es einen schönen Sandstrand, Sa Tuna und Aiguafreda haben Kiesstrände.

UMGEBUNG Wenige Kilometer westlich von Begur liegen die Orte Pals und Peratallada, die beide schöne mittelalterliche Ortskerne haben. Der von einer alten Stadtmauer umzogene Ortskern von **Pals** ist besonders herausgeputzt. Der Ort wird von einem 15 m hohen Rundturm (Torre de les Hores, 15. Jh.) überragt. Das ruhige **Peratallada** wirkt dagegen etwas ursprünglicher und weniger museal. Der kaum überlaufene Ort wird von einer Stadtmauer aus dem 12./13. Jh. umgeben. **La Bisbal** ist bekannt für seine Keramikprodukte und Sitz der Escola de Ceramica (Kunsthochschule für Keramik).

UNTERKUNFT Das Hotel **Aiguaclara** im Stadtzentrum von Begur gehört zu den imposantesten Bauten der Stadt. Einige Räumlichkeiten bieten einen Blick auf Begur und das Kastell (Sant Miquel, 2, Tel. 972622905, www.aiguaclara.com).

RESTAURANT Ein ausgezeichnetes Restaurant ist das **Sa Rascassa** etwas abseits der Bucht von Aiguafreda in einem kleinen Tal. Das Restaurant gehört zum gleichnamigen Hostal; Cala de Aiguafreda, 2, Tel. 972622845.

INFORMATION
Av. Onze de Setembre, 5
Tel. 972624520, Fax 972624578
www.begur.org

02 PALAFRUGELL

Das 4 km landeinwärts gelegene Palafrugell ist Verwaltungszentrum der drei Küstenstädtchen Calella de Palafrugell, Tamariu und Llafranc. Besucht wird der Ort mit der hübschen Altstadt vor allem sonntags, wenn auf der großen Plaça Nova in der Stadtmitte Markt abgehalten wird.

MUSEUM Interessant ist das **Museu del Suro** (Carrer Tarongeta, 31), in dem die vielseitige Verwendung von Korkrinde gezeigt wird (geöffnet: Sommer Di. – Sa. 10.00 – 13.00, 17.00 bis 21.00, Winter Di. – Sa. 17.00 – 20.00, So. immer 10.30 – 13.30 Uhr).

Tipp

Traumhafte Aussicht

Insgesamt 49 geschmackvoll eingerichtete Zimmer – teilweise mit Terrasse oder Balkon –, einen sehr freundlichen Service und ein gutes Restaurant bietet das malerisch auf einem Felsen gelegene Hotel Sant Roc in Calella de Palafrugell. Und beim Frühstück genießt man von der schattigen Terrasse aus einen fantastischen Blick auf die schöne Bucht.

Hotel Sant Roc, Plaça de l'Atlàntic, 2
Tel. 972614250, Fax 972614068
www.santroc.com

STRÄNDE Die idyllischen Badeorte **Calella de Palafrugell, Tamariu und Llafranc** haben nur kleine Strände. Direkt südlich von Calella de Palafrugell führt aber ein Küstenweg zu einer größeren, stets gut besuchten Badebucht. Mehrere Kilometer weiter südlich laden die schönen Sandstrände **Platja de Castell** und die **Platja de la Fosca** zum Baden ein. Vor allem bei Seglern ist der Ort **Palamós** bekannt; dort gibt es einen langen feinsandigen Strand.

RESTAURANT In Palamós existiert bereits seit 1936 das Restaurant **Maria de Cadaqués**, in dem man hervorragende Fischgerichte essen kann; Tauler i Servià, 6, Tel. 972314009.

INFORMATION
Plaça de l'Esglesia
Tel. 972611820, Fax 972611756
www.palafrugell.net

03 GIRONA

Girona – 35 km landeinwärts gelegen – ist die Hauptstadt der Provinz Girona und damit zugleich der gesamten Costa Brava. Hier war einst eine bedeutende jüdische Gemeinde beheimatet. Interessant ist das historische Zentrum der Universitätsstadt, in dem bis heute noch das Mittelalter zu spüren ist. Girona ist vermutlich eine iberische Gründung. In römischer Zeit hieß die Stadt Gerunda, in maurischer Zeit Djerunda. 785 wurde Girona von Karl dem Großen erobert; ab dem späten 10. Jh. unterstand die Stadt dem Grafen von Barcelona. Aufgrund der strategisch günstigen Lage an der Straße über die Pyrenäen wurde Girona oft umkämpft.

SEHENSWERT Von der **Plaça de la Independència** auf der Westseite des Riu Onyar ist man in wenigen Schritten am Flussufer und hat einen schönen Blick auf die rötlichen, gelben und ockerfarbenen Häuser, die sich auf der gegenüberliegenden Flussseite aneinanderreihen. Mehrere Fußgängerbrücken führen über den Fluss in das **Barri Vell**, die Altstadt, die sich über einen Hang zieht. Sie erstreckt sich von der Eisenbahnbrücke im Norden bis zur **Plaça de Catalunya**, einem auf einer breiten Brücke über dem Fluss angelegten Platz.

Im Barri Vell sollte man in das Gassengewirr eintauchen. Zwei Kirchen sollte man sich dabei ansehen: **Sant Feliu** (11. – 18. Jh.), ein dreischiffiger gotischer Bau im Norden des Barri Vell, und weiter südöstlich die **Catedral ◐ TOPZIEL** (14. bis 16. Jh.), zu der eine barocke, 90-stufige Freitreppe (1690) hinaufführt. Mit 50 m Länge, 23 m Breite und 34 m Höhe ist die Kathedrale einer der größten überwölbten Räume der Gotik.

INFO

Direkt unterhalb der Kathedrale liegt das jüdische Viertel **El Call** mit seinen engen Gassen. Die **Banys Àrabs**, die Arabischen Bäder im Carrer del Rei Ferran el Catòlic, wurden 1194, also erst mehrere Jahrhunderte nach der maurischen Herrschaft in Girona, von Christen angelegt. Von der **Torre Gironella**, einem gewaltigen Turm der mittelalterlichen Wehranlage, genießt man einen wunderschönen Blick auf die Altstadt.

Für eine Pause eignet sich die **Rambla de la Llibertat**, der Hauptstraßenzug des Barri Vell, der parallel zum Fluss verläuft. In den Arkadengängen der Rambla haben sich neben Geschäften Restaurants und Straßencafés eingerichtet.

Auch auf der **Plaça de la Independència** auf der anderen Flussseite findet man zahlreiche Restaurants und Cafés.

Tipp

Spaß-Bäder und -Parks

Schöne Badelandschaften mit großen Wasserrutschbahnen, Wellenbädern, Wildwasserkanälen und mehreren Schwimmbecken bieten das Agua Brava nordwestlich außerhalb von Roses, das Aquadiver an der Umgehungsstraße von La Platja d'Aro, das Waterworld westlich außerhalb von Lloret de Mar und das Marineland an der Straße von Malgrat de Mar nach Parafolls. Im Marineland – einem Freizeitzentrum – gibt es als besondere Attraktionen eine Seelöwen- und Delfinschau, außerdem einen kleinen Zoo und einen Teich mit Ruderbooten. Westlich von Vilassar de Mar, einer Kleinstadt 6 km südwestlich von Mataró, liegt der Vogelpark El Parc de les Aus mit 300 verschiedenen einheimischen und exotischen Vogelarten; in dem Park werden auch Schlauchbootfahrten und Pony-Reiten angeboten.

Vogelpark Mo. geschlossen; die Badelandschaften sind im Sommer täglich geöffnet

Hotel in Girona

MUSEEN Das Prunkstück des **Tresor de la Catedral de Girona**, des Kathedral-Museums, ist der Tapís de la Creació, ein 4,15 m x 3,65 m großer **Bildteppich** aus dem 11. Jh., auf dem die Schöpfungsgeschichte erzählt wird. Das **Museu d'Art** rechts neben der Kathedrale präsentiert Gemälde von der Vorromanik bis zum 20. Jahrhundert. Im **Centre Bonastruc ça Porta** in dem jüdischen Viertel El Call (Sant Llorenç) informiert das **Museu dels Jueus** über die Geschichte der Juden in Girona (geöffnet: Sommer Mo. – Sa. 10.00 – 20.00, So. 10.00 – 15.00; Winter Mo. bis Sa. 10.00 – 18.00, So. 10.00 – 15.00 Uhr). Das **Museu del Cinema** in der Neustadt am linken Ufer des Riu Onyar (Carrer Sèquia, 1) zeigt die Sammlung des Cineasten Tomás Mallol: nicht weniger als 7500 unterschiedliche Gerätschaften, die alle dazu dienten, bewegte Bilder zu schaffen (geöffnet: Di. – Sa. 10.00 – 20.00, im Winter bis 18.00; So. 11.00 – 15.00 Uhr).

UNTERKUNFT Nahe der Plaça de Catalunya findet man das preisgünstige Hotel **Peninsular**, das ein guter Ausgangspunkt für Besichtigungen des historischen Zentrums ist (Carrer Nou, 3, bzw. Av. Sant Francesc, 6, Tel. 972203800, Fax 972210492, www.novarahotels.com). Das Hotel **Històric** ist ein kleines, hübsches Vier-Sterne-Hotel in einer idyllischen Altstadtgasse nahe der Kathedrale mit großen, stilvoll und komfortabel eingerichteten Zimmern (Bellmirall, 4, Tel. 972223583, www.hotelhistoric.com).

RESTAURANT: Die wohl beste Adresse in der Stadt ist das mitten in der Altstadt gelegene **Albereda** mit guter katalanischer Küche; Carrer Albereda, 7, Tel. 972226002.

INFORMATION
Rambla de la Llibertat, 1
Tel. 972226575, Fax 972226612
www.ajuntament.gi

04 SANT FELIU DE GUÍXOLS

Sant Feliu de Guíxols, das sich selbst „Königin der Costa" nennt und insgeheim als Hauptstadt der Wilden Küste gilt, ist ein eleganter Badeort, der den Trubel der benachbarten Touristenhochburgen nicht kennt.

SEHENSWERT An der breiten, von Platanen gesäumten Seepromenade, dem **Passeig del Mar**, sieht man einige Häuser im Stil des Modernisme, des katalanischen Jugendstils – darunter das Casino dels Nois von 1889.

Nahe dem Ortseingang stehen an der **Plaça del Monestir** die Reste eines angeblich von Karl dem Großen gegründeten Benediktinerklosters: ein Hufeisenbogentor aus dem 11. Jh., zwei Türme und ein barockes Kirchenportal von 1747.

STRÄNDE Badevergnügen bieten die Strände nördlich von Sant Feliu de Guíxols. **La Platja d'Aro** (ca. 6 km von Sant Feliu entfernt) ist mit seinen Sandstränden einer der bekanntesten Badeorte der Costa Brava und völlig vom Tourismus geprägt.

Nördlich von La Platja d'Aro findet man reizvolle Buchten und dann kilometerlange, feinsandige Strände, die sich bis Palamós hinziehen.

UNTERKUNFT Eines der luxuriösesten Hotels der Region ist **La Gavina** in S'Agaró im katalanischen Landhausstil; Plaça Rosaleda, Tel. 972321100, Fax 972321573, www.lagavina.com.

RESTAURANT Etwas außerhalb von La Platja d'Aro ist in einem historischen Gutshaus aus dem 17. Jh. das exklusive **Big Rock** eingerichtet; Barri de Fanals, 6, Tel. 972818012.

INFORMATION
Plaça Mercat, 28
Tel. 972820051, Fax 972820119
www.guixols.cat

05 TOSSA DE MAR

Tossa de Mar, die „Perle der Costa Brava", gehört zu den hübschesten Küstenstädten Kataloniens. Bereits um 1900 erfreute sich das Städtchen bei Künstlern großer Beliebtheit.

Der berühmteste unter ihnen, Marc Chagall, nannte Tossa das „blaue Paradies" und malte hier 1934 sein Bild „Der himmlische Violinspieler". Tossa de Mar ist der einzige Ort an der katalanischen Küste mit einer befestigten mittelalterlichen Siedlung, einer der schönsten Spaniens.

SÜDLICHE COSTA BRAVA

SEHENSWERT Hauptattraktion ist die **Vila Vella** ▶ TOPZIEL, die von einer Stadtmauer (12. – 14. Jh.) mit Wehrtürmen umgebene Ober- bzw. Altstadt. Die rund 80 Natursteinhäuser sind noch bewohnt, manche beherbergen Lokale. Das **Museu Municipal** mitten in der Altstadt zeigt moderne Kunstwerke, darunter auch Chagalls „himmlischen Violinspieler".

STRÄNDE Wer Tossas lebhaften Hauptstrand meiden möchte, findet nördlich der Stadt reizvolle Badebuchten oder kleine Sandstrände wie die **Platja del Reig** und die **Platja del Mar Menuda**.

UNTERKUNFT Eine relativ günstige Unterkunft ist das **Hotel Diana**, das in einem Jugendstilhaus direkt an der Promenade eingerichtet ist; Plaça d'Espanya, 6, Tel. 972341886, Fax 972341103, www.diana-hotel.com

RESTAURANT In einer alten Mühle – **Es Moli** – gibt es gute katalanische Fisch- und Fleischgerichte; Carrer Tarull, 5, Tel. 972341414.

INFORMATION
Av. Pelegrí, 25
Tel. 972340108, Fax 972340712
www.infotossa.com

06 LLORET DE MAR

13 km südlich von Tossa de Mar erreicht man Lloret de Mar, einst ein Fischerdörfchen, heute mit seiner gewaltigen Hotel-Skyline und dem Strand der Inbegriff des Massentourismus an der Costa Brava. Allerdings gibt es in der Umgebung einige idyllische Badebuchten.

UNTERKUNFT Am Strand steht das erstklassige **Rigat Park Hotel**; die Zimmer sind in unterschiedlichen historischen Stilen eingerichtet; Avinguda América 1, Tel. 972365200, Fax 972370411, www.rigat.com.

INFORMATION
Av. de les Alegries, 3
Tel . 972365788, Fax 972367750
www.lloretdemar.org

07 BLANES

Anders als in Lloret de Mar und Tossa de Mar konnte sich Blanes in der Altstadt noch seine Ursprünglichkeit bewahren; vor allem an Markttagen kann man hier authentisches katalanisches Leben kennen lernen. Auf der Strandpromenade laden überdachte Straßencafés und Sitzbänke zu einer Pause ein. Im Hafen findet von Montag bis Freitag jeden Nachmittag eine Fischauktion statt: Ort des Geschehens ist die Llotja del Peix, die Fischbörse. Zur Auktionshalle haben Urlauber keinen Zutritt, man kann aber von einer Bar im ersten Stock das Geschehen verfolgen.

SEHENSWERT Auf einer Landspitze nordöstlich des Hafenbeckens erstreckt sich der von dem Deutschen Karl Faust (1874 – 1952) angelegte Botanische Garten **Mar i Murtra** (Meer und Myrte) mit mehr als 4000 Pflanzenarten. Einige architektonisch interessante Bürgerhäuser (18. und 19. Jh.) fallen im **Carrer Ample und Carrer Raval** ins Auge. Die Altstadt überragt die Pfarrkirche **Santa Maria** (14. Jh.), die überwiegend im gotischen Stil errichtet wurde und drei annähernd gleich hohe Schiffe besitzt.

INFORMATION
Plaça Catalunya, 21
Tel. 972330348, Fax 972334686
www.blanes.net

08 ARENYS DE MAR

Arenys de Mar liegt im südlichsten Abschnitt der Costa Brava, der als Costa del Maresme bezeichnet wird. Beliebte Übernachtungsorte an der flachen Costa del Maresme sind Malgrat de Mar, Pineda de Mar und Calella mit ihren großen Hotelbauten. Interessantester Ort an dieser Küste aber ist Arenys de Mar, ein Fischerhafen, der früher für seine Produkte aus geklöppelter Spitze in ganz Spanien bekannt war.

SEHENSWERT Hauptstraße von Arenys de Mar ist die Rambla. In der Pfarrkirche **Santa Maria** (1584 – 1628) befindet sich einer der bedeutendsten Barockaltäre Kataloniens. In der Carrer de l'Església (Nr. 43) präsentiert das **Museu Marès de la Punta** Klöppelprodukte.

UNTERKUNFT Das recht günstige Hotel **Internacional** liegt an der Strandpromenade von Calella; Carrer Gaudí, 2, Tel. 937690250, Fax 937690616, www.hinternacional.com.

UMGEBUNG Das Städtchen **Sant Pol de Mar** ca. 6 km nordöstlich von Arenys de Mar ist bis heute ein relativ ruhiger Ferienort mit einer hübschen Altstadt mit verwinkelten Gassen.

INFORMATION
Riera del Pare Fita, 31
Tel. 937927750, Fax 937957031
www.arenysdemar.org

Nicht versäumen!

KULTUR

Gotisches Gotteshaus
Über der zauberhaften mittelalterlichen Altstadt von Girona erhebt sich die Kathedrale. Das Gotteshaus zählt zu den größten gotischen Kirchen Europas. Besonders interessant: der Hochaltar und der Domschatz mit dem berühmten „Schöpfungsteppich".

▶ TOPZIEL   Siehe Nr. **03**

AKTIV

Baden zwischen Felsen und Pinien
500 m lang ist die Platja de Castel, eine schöne Badebucht mit feinem Sandstrand, eingerahmt von Pinien und Felsen. Wegen des hohen Wellengangs kommen auch gern Surfer in die Bucht 2 km nördlich von Palamós.

Siehe Nr. **02**

ERLEBEN

Filmreif: Vila Vella
Die unter Denkmalschutz stehende Altstadt von Tossa de Mar wird wegen ihrer reizvollen Lage von Künstlern sehr geschätzt. Als Filmkulisse wurde sie berühmt, heute ist sie eines der Wahrzeichen der „Wilden Küste".

▶ TOPZIEL   Siehe Nr. **05**

ERLEBEN

Atemberaubend
Eine der atemberaubendsten Panoramastraßen der Costa Brava führt von Sant Feliu de Guíxols nach Tossa de Mar. Auf der 22 km langen Strecke genießt man immer wieder herrliche Ausblicke auf das Meer und die Felsküste.

Siehe Nr. **04**

NATUR

Oasen der Natur
Neben dem Botanischen Garten Mar i Murtra verfügt Blanes ganz in der Nähe noch über eine weitere Naturoase: Pinya de Rosa. Dort gedeihen mehr als 7000 Pflanzenarten.

Siehe Nr. **07**

BARCELONA

54–55

Schönes, stolzes Barcelona

Barcelona ist schön, Barcelona ist stolz, und es stellt sich gern zur Schau. Die katalanische Hauptstadt putzte sich mehrmals heraus – im Mittelalter, als Katalonien mit Aragón ein gemeinsames Königreich bildete, Ende des 19. Jahrhunderts zu Zeiten neuen industriellen Wohlstands und zur Olympiade 1992. Diese letzte Schönheitsoperation ist noch im Gang: Die Stadt, die für ihr Leben auf den Rambles bekannt ist und bis heute den Modernisme-Architekten Antoni Gaudí feiert, hat sich nach Jahrhunderten der Nichtachtung mit städtebaulichen Konzepten wieder dem Meer zugewandt.

Der stille Kreuzgang im Monestir de Pedralbes

BARCELONA

> *„Merkwürdige Stadt, die voller Dinge steckt."*
>
> Vázquez Montalbán

Als eine „merkwürdige Stadt, die voller Dinge steckt" bezeichnete der Autor Vázquez Montalbán Barcelona: eine Stadt „wie eine Collage". Barcelona ist die Hauptstadt Kataloniens, Hafenstadt, Einwanderungsstadt, Durchgangsstadt. Die katalanische Metropole ist eine Stadt der Künstler, zweisprachig, bikulturell, weltstädtisch, exotisch, aber auch provinziell, zuweilen regelrecht dörflich. Barcelona kann ernst und besonnen sein, aber auch ausgelassen und verrückt – nirgendwo in Katalonien kommt die katalanische Mentalität mit den gegensätzlichen Eigenschaften „seny" (Vernunft) und „rauxa" (Laune) so zum Ausdruck.

Barcelonas Schaufenster

Zentrum von Barcelona sind die Rambles, der Hauptstraßenzug im Stadtkern – eine Abfolge von insgesamt fünf Boulevards. Die Rambles sind nicht lang, die etwa 1,2 Kilometer kann man in einer halben Stunde zu Fuß bewältigen. Hier lässt man sich Zeit, denn die Rambles sind die Promenade, über die alles Leben der Stadt läuft, sie sind das Schaufenster Barcelonas. Für einen echten Barceloneser sind sie die interessanteste und lebendigste Straße der ganzen Welt. Unter Platanen schlendert man durch das Menschengewimmel, vorbei an Zeitschriftenkiosken, Straßencafés und Blumenständen, man sieht den Pflastermalern, Stegreifakrobaten und Straßenmusikern zu.

Gelegenheit zur Erholung von Barcelonas beliebtester Straße bieten die Cafés und Restaurants in den Arkadengängen der Plaça Reial, einer im 19. Jahrhundert angelegten klassizistischen Platzanlage im südlichen Bereich der Rambles. Nachts wird die Plaça Reial zu einem der vielen Zentren des bewegten Nachtlebens von Barcelona. Dann sind die Terrassen unter den Arkaden gerammelt voll.

Links und rechts der Rambles

Traditionsgemäß teilen die Rambles das untere Barcelona in zwei verschiedene Hälften. Kommt man vom Hafen, dann liegt links der Flaniermeile das ehemalige Arbeiterviertel El Raval (Vorstadt), rechts das Gassengewirr der Ciutat Vella (Altstadt) mit dem Barri Gòtic und zahlreichen Einkaufsmöglichkeiten.

Zwei unterschiedliche Welten, die sich einst sozial gegenüberstanden, als falle die Lage links und rechts auch politisch ins Gewicht. Die linke Seite sympathisierte in der Vergangenheit mit den Anarchisten, die rechte Seite stimmte für die Verteidiger der Klassenunterschiede und der guten Sitte. Im Lauf der Zeit hat sich die Grenzlinie etwas verwischt. Der Adel und das

01 *Plaça de Catalunya: großzügige Platzanlage*
02 *Vor der Kathedrale im Barri Gòtic*
03 *Gänsehof im Kreuzgang der Kathedrale*
04 *Blick auf die Altstadt von Barcelona*

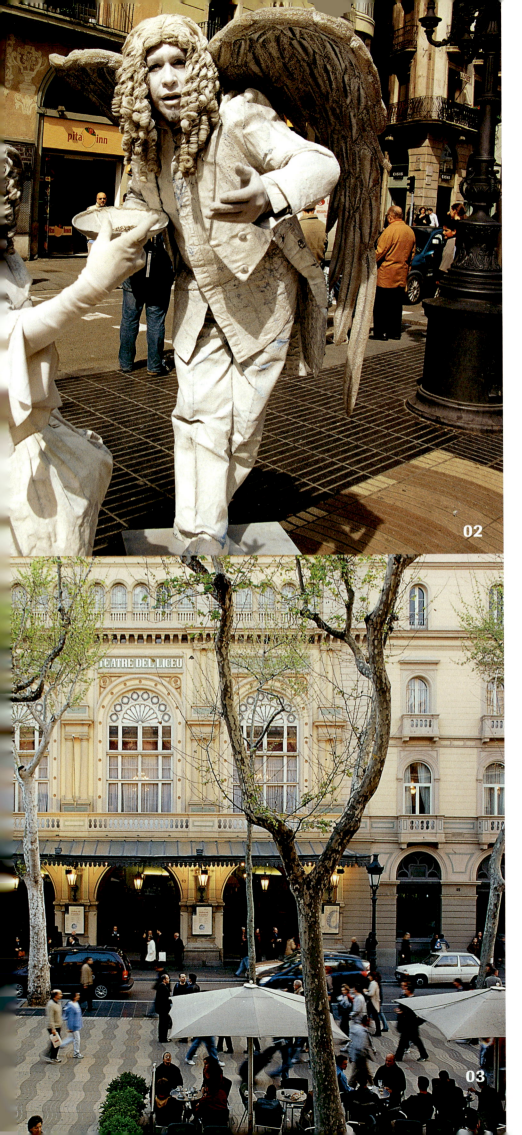

BARCELONA

58–59

Bürgertum verließen die Altstadt und siedelten sich in der Oberstadt an, und im Raval leben nicht mehr nur Arbeiter, Dirnen und Kleinkriminelle. Doch eine gewisse Trennung gibt es nach wie vor.

Barri Gòtic, der älteste Stadtteil

Das Barri Gòtic, das innerhalb der Ciutat Vella gelegene Gotische Viertel, ist der älteste Stadtteil der katalanischen Metropole, die im Mittelalter neben Venedig und

> „Das Barri Gòtic ist heute noch das Zentrum der politischen Macht in Barcelona und Katalonien."

Genua die wichtigste Handelsstadt im Mittelmeerraum war. Hier empfingen die Katholischen Könige, Isabel von Kastilien und Fernando von Aragón, am 16. April 1493 Christoph Kolumbus nach der Rückkehr von seiner ersten Amerikafahrt. Auch heute noch ist das Gotische Viertel Zentrum der politischen Macht in Barcelona und Katalonien. In der Casa de la Ciutat residiert der Bürgermeister von Barcelona; gegenüber, im Palau de la Generalitat, hat die Generalitat de Catalunya, die Regierung der Autonomen Gemeinschaft Katalonien, ihre Diensträume.

Gegensätze der Stadt: El Raval

El Raval war noch bis vor kurzem der wohl abgewirtschafteste Stadtteil von Barcelona. Einen gewissen Bekanntheitsgrad erlangte El Raval sogar im Ausland wegen seines berüchtigten Hafen- und Rotlichtviertels Barri Xinès, dem Chinesenviertel. Chinesen lebten hier nie, der Name stammte vielmehr von einem Lokalreporter, der diesen Stadtteil 1925 nach dem Besuch eines Films über San Franciscos Chinatown in einer Reportage so nannte. Lange Zeit war das Barri Xinès ein Zentrum von Billigprostitution, Drogenhandel

01 *Patisseria Escribá an der Rambla Santa Monica*
02 *„Lebende Statuen" auf der Rambla*
03 *Rambla Santa Monica: Gran Teatre del Liceu*

01 *Mosaik-Echse im Parc Güell*
02 *Außenfassade der Sagrada Família*
03 *Endlosbank mit Majolika-Mosaik im Parc Güell*
04 *Innenraum der Sagrada Família*

BARCELONA

und Kleinkriminalität. Heute hingegen ist der Stadtteil das wohl interessanteste, spannendste, schrillste und urigste Viertel Barcelonas. Hier prallen die größten Gegensätze der Stadt aufeinander, hier spürt man die für Barcelona typische Dynamik. Seit der Olympiade 1992 wird der zuletzt völlig verrottete Stadtteil saniert – mit Erfolg, denn insbesondere im nördlichen Bereich ist Raval ein Szeneviertel geworden. Immer noch findet man von Alteingesessenen und fremdländischen Einwanderern bewohnte heruntergekommene Gassen, Dirnen, Drogendealer, Kleinkriminelle, Armut und Trostlosigkeit. Doch gleich nebenan, in den sanierten Straßen des Viertels, haben sich Künstler und Intellektuelle niedergelassen. Hier gibt es avantgardisti-

„Hier spürt man die für Barcelona typische Dynamik."

sche Galerien, schicke Szenekneipen, elegante Schmuck- und Modeläden und natürlich auch das entsprechende Publikum – und dazwischen Bilder eines bescheidenen bürgerlichen Alltagslebens.

Mondänes Barcelona

Eine ganz andere Welt erschließt sich Besuchern im Stadtteil Eixample westlich der Plaça de Catalunya. Das Viertel entstand ab 1859, als Kataloniens Hauptstadt durch die Industrialisierung zu erheblichem Wohlstand gekommen war und sogar Madrid übertrumpfte. Damals schuf sich das aufstrebende Bürgertum des mittlerweile viel zu eng gewordenen Stadtkerns von Barcelona ein neues Wohngebiet. Die Stadterweiterung (eixample) erfolgte nach den Plänen von Ildefons Cerdà, einem jungen Bauingenieur, dem Wohnen in grünen und sonnigen Siedlungen vorschwebte. Es wurde ein schachbrettartiges Straßennetz mit etwa 100 m mal 100 m großen Gebäudeblocks angelegt. Gebaut wurden die Häuser dann im Stil des Modernisme, der

05 *Decke im Museu Gaudí im Parc Güell*
06 *Gaudí pur: Casa Battló am Passeig de Gàrcia*

03

SPECIAL — Modernisme – der katalanische Jugendstil

Antoni Gaudí: Gerade Linien waren ihm ein Gräuel

Antoni Gaudí (1852 – 1926) gilt als Hauptvertreter des verspielten, von mittelalterlichen Architekturelementen und organischen Naturformen inspirierten Modernisme, dessen Blüte in der Zeit zwischen 1880 und 1920 lag.

Weiche, fließende Formen

Gerade Linien waren dem in Reus (Provinz Tarragona) geborenen Architekten ein Gräuel. Weiche fließende Formen mussten seine Bauwerke aufweisen – etwa an Blütenblätter erinnernde Glasfenster, gewölbte Balkonbrüstungen oder geschwungene Treppen.

Seine Hauptwerke sind alle in Barcelona zu finden: die Casa Battló, die Casa Milà und natürlich der bekannte Temple de la Sagrada Família, dem Gaudí den weitaus größten Teil seiner Arbeitslebens widmete. Zu Lebzeiten wurde der geniale und besessene Baumeister, der sich weigerte, Unterhaltungen auf Spanisch zu führen und nur Katalanisch sprach, belächelt oder sogar verachtet. Als er 1926 im Krankenhaus starb, nachdem er von einer Straßenbahn angefahren worden war, wäre er fast unerkannt geblieben.

Eingangspavillon des Güell-Parks

katalanischen Spielart des Jugendstils. Doch nicht nur prächtige Jugendstilbauten sind im Eixample zu bewundern. Hier und insbesondere auf dem Passeig de Gràcia konzentriert sich die mondäne Welt Barcelonas – exklusive Modegeschäfte und teure Juwelierläden aller international bekannten Firmen haben hier ihre Filialen, man findet Luxushotels und Banken, edle Restaurants und schicke Tapas-Bars.

Wieder dem Meer zugewandt

In den letzten Jahrhunderten verlor das Meer für Barcelona an Bedeutung. 1848 riegelten die Eisenbahnlinie nach Mataró – die erste Schienenstrecke Spaniens – und die an ihr entstehenden Industrieviertel die Stadt vom Wasser ab. Erst mit der Aussicht auf die Austragung der Olympischen Spiele 1992 wandte sich die Stadt wieder dem Wasser zu. Wo einst leere Fabrik- und Lagerhallen standen, wurden die Vila Olímpica (Olympiadorf) und der Port Olímpic (Olympiahafen) geschaffen, außerdem eine vier Kilometer lange Seepromenade und wunderschöne Sandstrände. Man modernisierte auch das verwahrloste alte Strandviertel Barceloneta, dessen Restaurants auf dem Passeig de Joan de Borbó heute ein kulinarischer Anziehungspunkt der Stadt sind, und an dem zwischen Barceloneta und den Rambles gele-

01 *Sammlung Thyssen-Bornemisza*
02 *Kirche Sagrat Cor auf dem Tibidabo*
03 *Plaça Espanya: Messegelände, Palau Nacional*

04

„Im Ergebnis genoss die sportliche Weltöffentlichkeit Barcelona als einziges Bellevue."

Hans Wolfgang Hoffmann

genen alten Hafen entstand ein großes Einkaufs- und Unterhaltungszentrum.

Kein Ende abzusehen

Schon einmal hatte Barcelona sich für Olympia beworben: In den 1930er-Jahren kandidierte die Stadt für die Austragung der Olympiade von 1936. Die Olympiade fand dann aber in Berlin statt.
Vom Montjuïc, dem 213 Meter hohen Hausberg Barcelonas, wird deutlich, wie die Stadt Jahr für Jahr wächst: Mit den Olympischen Spielen 1992 setzte nämlich eine bis heute andauernde Bauhysterie ein. Insbesondere im Küstenbereich, wo sich die zwischen Meer und Bergen einge-

zwängte, aus allen Nähten platzende Stadt noch ausdehnen kann, werden Großprojekte durchgeführt: Im Norden wird am Fluss Besòs das Fòrum 2004 gebaut, im Süden am Fluss Llobregat u.a. das neue Messegelände.
Und weitere Bauten entstehen in verschiedenen Stadtteilen, wobei Glas, Wasser und Lichteffekte die prägenden Elemente der neuen Barceloneser Architektur sind. Seit 1992 genießt die Stadt auf dem Gebiet der Architektur und der städtebaulichen Entwicklung weltweites Ansehen und gilt international wegweisend, wie es 2002 auf der Biennale von Venedig anerkennend hieß.

01 *Neugestaltet für Olympia 1992: Olympiahafen*
02 *Sendemast der Teléfonica*
03 *Vor dem Olympiastadion*
04 *Fassade des Museu d'Art Contemporani*

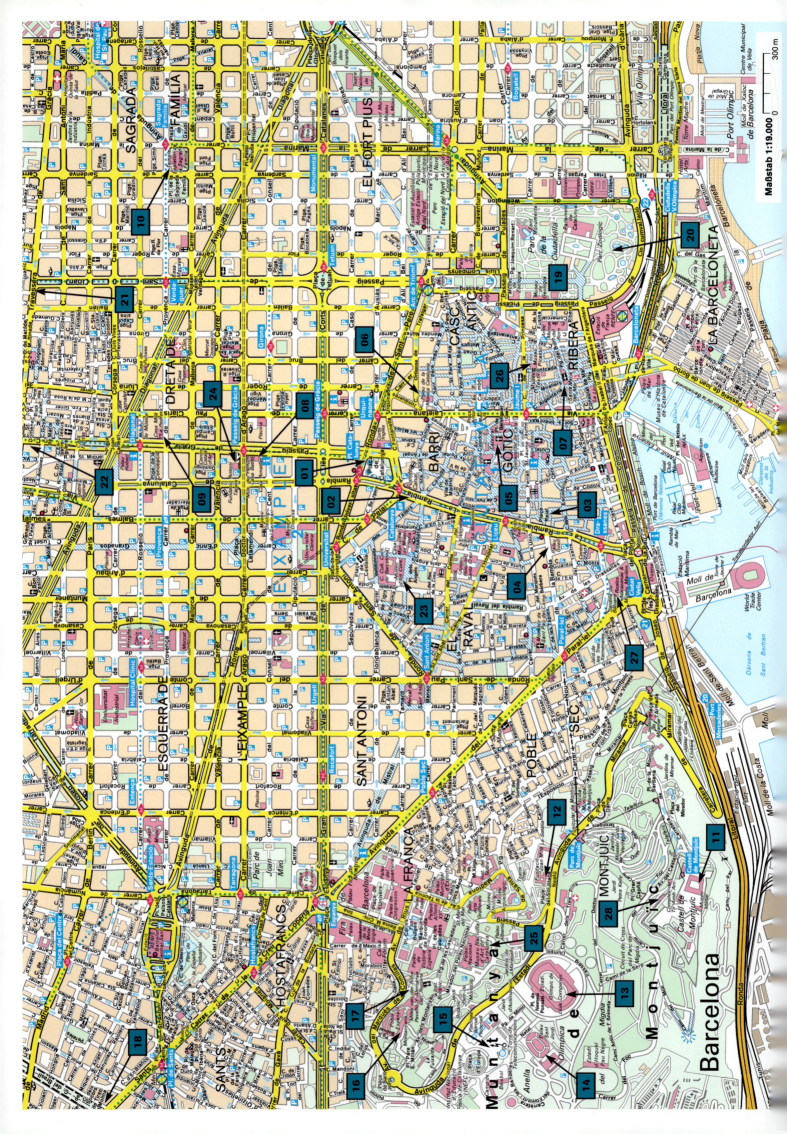

INFO

BARCELONA

Trendsetterin mit Tradition

Die Olympischen Sommerspiele 1992 waren der Kristallisationspunkt für eine umfassende Umgestaltung der katalanischen Metropole: Neben den olympischen Stätten wurde auch die Innenstadt von avantgardistischen Architekten und Designern neu belebt. Barcelona wurde zur urbanen Trendsetterin – so wie Anfang des 20. Jahrhunderts zur Zeiten des Modernisme und Antoni Gaudì. Die Stadt bietet eine Fülle einzigartiger Sehenswürdigkeiten – und jede Menge Lifestyle.

ALLGEMEIN

Die Hafenstadt Barcelona ist Hauptstadt der Autonomen Region Katalonien, nach Madrid die zweitgrößte Stadt Spaniens (1,8 Mio. Einwohner; Großraum: ca. 4 Mio.) sowie erster Industrie- und Handelsplatz des Landes. Mit einer Bevölkerungsdichte von 18 000 Einwohnern pro Quadratkilometer (in der Altstadt 25 000, im Eixample sogar 40 000 Einwohner/km²) zählt Barcelona zu den am dichtesten besiedelten Städten der Welt.

GESCHICHTE

Nach der Vereinigung Kataloniens mit Aragón (1137) stieg Barcelona zu einer der führenden Seemächte im Mittelmeer auf. Durch die Entdeckung der Neuen Welt 1492 verlor Barcelona an wirtschaftlicher Bedeutung, da der Handel mit den amerikanischen Kolonien nur noch über andalusische Häfen lief. Während des Spanischen Erbfolgekriegs (1710 – 1714) unterstützte Barcelona den Gegner von Philipp von Bourbon, dem späteren König von Spanien. Am 11. September 1714 eroberten bourbonische Truppen die Stadt, lösten alle katalanischen Institutionen auf und verboten die katalanische Sprache. Im 19. Jh. wurde Barcelona zum ersten bedeutenden Industriezentrum Spaniens und erlebte eine neue wirtschaftliche Blütezeit; Höhepunkte waren die Weltausstellungen von 1888 und 1929. Im Spanischen Bürgerkrieg (1936 – 1939) blieb die Stadt bis 1939 in der Hand der Republikaner – zeitweise war sie Sitz der republikanischen Regierung. Nach dem Ende der Franco-Ära wurde Barcelona 1979 durch das Autonomiestatut Hauptstadt Kataloniens. 1992 fanden in Barcelona die XXV. Olympischen Sommerspiele statt – Anlass für eine umfassende stadtplanerische Umgestaltung.

SEHENSWERT

ZENTRUM/CIUTAT VELLA Bester Ausgangspunkt für Spaziergänge durch Barcelona ist die **Plaça de Catalunya** 01, Zentrum und Verkehrsknotenpunkt der Stadt, wo auch die Flughafen-Buslinie endet. Auf dem Carrer Nou de la Rambla, einer Seitenstraße der **Rambles** 02 **TOPZIEL** stößt man in der Nähe des Gran Teatre del Liceu und der **Plaça Reial** 03 auf den **Palau Güell** 04 von 1888, ein von Graf Eusebi Güell in Auftrag gegebenes und von Antoni Gaudí entworfenes großbürgerliches Wohnhaus, das 1984 als Weltkulturerbe der Menschheit von der Unesco unter Schutz gestellt wurde (geöffnet: Mo. – Sa. 10.00 – 18.00 Uhr). Im Barri Gòtic in der Ciutat Vella erhebt sich **La Seu** 05, die dreischiffige Kathedrale, mit deren Bau man 1298 begann und die – abgesehen von der Hauptfassade und dem Kuppelturm – 1448 im gotischen Stil vollendet wurde. Nördlich der Kathedrale und jenseits der belebten Via Laietana steht der von Lluís Domènech i Montaner entworfene, modernistische **Palau de la Música Catalana** 06 von 1908. Im östlichen Teil der Altstadt ragt die dreischiffige gotische Kirche **Santa Maria del Mar** 07 (14. Jh.) empor, das nach der Kathedrale bedeutendste Gotteshaus der Stadt.

EIXAMPLE Die spektakulärsten Bauwerke im Modernisme-Viertel Eixample, zwischen der Gran Via de les Corts Catalanes und der Avinguda Diagonal, stammen allesamt von Antoni Gaudí. Die **Casa Batlló** 08 (Passeig de Gràcia, 43) ist an ihrer „Tierknochenfassade", an den die Fassade schmückenden Balkons, zu erkennen, und die im Volksmund als „La Pedrera" (Steinbruch) bekannte **Casa Milà** 09 ähnelt mehr einer Skulptur als einem Gebäude. Gaudís Hauptwerk aber – und Barcelonas Wahrzeichen – ist der **Temple de la Sagrada Família** 10 **TOPZIEL** mit seinen schlanken Türmen, den Lichtdurchlässen, Verschnörkelungen, Balkonen, Höhlungen und Rundungen. Die höchst unkonventionelle Mischung aus Stilelementen der Gotik und des Modernisme macht den Bau zu einer der eigenwilligsten Kirchen Europas, an der bis heute gebaut wird; Baubeginn war 1883.

MONTJUÏC Die Ursprünge des Castell de **Montjuïc** 11, der Festungsanlage auf dem Gipfel des Montjuïc, gehen auf eine Festung aus dem Jahr 1640 zurück. Die bis heute erhaltene fünfeckige Sternform stammt aus dem 18. Jh. Ab 1810 diente das Kastell als Gefängnis, 1960 wurde es der Stadt überschrieben und restauriert. Unterhalb der Festungsanlage befinden sich

Tipp

Barcelona Card

Mit der Barcelona Card, erhältlich u.a. in den Tourismusbüros von Barcelona, kann man die öffentlichen Verkehrsmittel der Metropole kostenlos benutzen und erhält Preisnachlässe in anderen Verkehrsmitteln, in Museen, Freizeiteinrichtungen (auch im Zoo), bei Veranstaltungen (u.a. Theater, Casino, Varieté) und in vielen Geschäften, Restaurants und Nachtlokalen. Die Barcelona Card kostet 24 € (2 Tage; Kinder: 20 €), 29 € (3 Tage; Kinder: 25 €), 33 € (4 Tage; Kinder: 27 €), 36 € (5 Tage; Kinder: 31 €).

Tipp

Bauch von Barcelona

Ein Muss ist der Besuch des Mercat de la Boqueria, der berühmtesten Markthalle Barcelonas, die etwa auf halber Höhe der Rambles zu finden ist. Im „Bauch von Barcelona" wähnt man sich in einem kulinarischen Paradies. Hier kaufen Küchenchefs der besten Restaurants der Stadt fangfrischen Fisch und Meeresfrüchte von der katalanischen Küste sowie Fleischprodukte, Obst und Gemüse aus dem Hinterland. Die Händler setzen allen Ehrgeiz daran, ihre Waren nicht nur lautstark anzupreisen, sondern auch besonders ästhetisch zu präsentieren – ein stimmungsvolles Treiben, eine Komposition aus Gerüchen, Geräuschen und Farben. Und man sollte natürlich auch eine Kleinigkeit kaufen – zum Beispiel ein Stück Manchego-Käse und etwas Serrano-Schinken.

INFO

die kubischen, weißen Gebäude der **Fundació Miró** 12, die Werke von Joan Miró (1893 bis 1983) und dessen Zeitgenossen zeigt. Nicht weit von der Fundació Miró entfernt liegen die **Sportanlagen der Olympischen Spiele** von 1992. Gegenüber dem **Estadi Olímpic** 13, dem Olympiastadion, steht der nach dem katalanischen Nationalheiligen benannte **Palau Sant Jordí** 14; der von dem japanischen Architekten Arata Isozaki entworfene Sportpalast gilt als der Star unter den Anlagen des Olympischen Rings. Hinter der Freifläche zwischen Stadion und Sportpalast, auf der ein von der Japanerin Aiko Migawaki installierter Wald steinerner Säulen steht, ragt der an eine frei schwebende Grammofonnadel erinnernde **Sendemast der Telefónica** 15 in den Himmel. Wer durch malerische Sträßchen und Gassen schlendern und Meistern alter Handwerksberufe bei der Arbeit zusehen möchte, sollte dem **Poble Espanyol** 16 einen Besuch abstatten, einem anlässlich der Weltausstellung von 1929 errichteten Dorf mit zahlreichen Bars und Restaurants, das aus charakteristischen Bauten der spanischen Provinzen besteht. „Klein-Spanien" ist auch einer von Barcelonas beliebtesten nächtlichen Treffpunkten (geöffnet: Mo. 9.00 – 20.00, Di. – Do. bis 2.00, Fr. u. Sa. bis 4.00, So. bis 24.00 Uhr). Einen Blick lohnt der **Pavellò Mies van der Rohe** 17, der von Ludwig Mies van der Rohe für die Weltausstellung 1929 geschaffen wurde und wegen seiner perfekten Linienführung von Experten als „Paradigma der modernen Architektur" bezeichnet wird.

STADION CAMP NOU UND PEDRALBES Die für die meisten Barceloneser wichtigste Sporteinrichtung liegt nahe dem Westende der Avinguda Diagonal: das 1957 eingeweihte Fußballstadion **Camp Nou** 18, Stadion des FC Barcelona, das 125 000 Zuschauer fasst.

Tipp

Bitte anfassen

Hauptattraktion auf der Moll d'Espanya im alten Hafenbecken ist das Aquarium, eines der größten und bedeutendsten seiner Art in Europa. Es gibt 20 thematische Vivarien, und in der Abteilung „Explora!" werden drei Meeresökosysteme vorgestellt. Spektakulär ist insbesondere die riesige Unterwasserlandschaft mit ihren bis zu 2 m langen Haien, Muränen und anderen Meerestieren. Man durchquert das Großbecken in zwei verglasten Unterwassertunneln auf Laufbändern und fühlt sich wie ein Taucher, der durch das Meer gleitet, in engem Kontakt mit seinen Bewohnern.

Hauptsehenswürdigkeit des Stadtteils Pedralbes am westlichen Ende der Avinguda Diagonal ist der Monestir **Santa Maria de Pedralbes**, ein Klarissinnenkloster (1326), dessen gotischer Kreuzgang als einer der schönsten der Welt gilt. Auch der 1924 für König Alfons XIII. erbaute **Palau Reial de Pedralbes**, ein dreistöckiges Gebäude in italienisierendem Stilmix mit einem in Terrassen angelegten Park, lohnt einen Besuch.

Los Caracoles: Katalanisches und Grillgerichte

PARKS Neben dem Montjuïc verfügt Barcelona noch über weitere, sehr sehenswerte Parkanlagen: Im **Parc de la Ciutadella** 19 befinden sich einige Museen, das Parlament der Autonomen Region Katalonien und der städtische **Zoo** 20 (geöffnet: tgl. im Sommer 9.30 – 19.30, im Winter 10.00 – 17.00 Uhr). Der im Nordwesten der Stadt liegende **Parc Güell** 21 wurde zwischen 1900 und 1914 nach Plänen von Antoni Gaudí angelegt; 1984 wurde der Park mit seinen Wasserspielen und schönen Skulpturen von der Unesco zum Weltkulturerbe der Menschheit erklärt.

TIBIDABO Der **Tibidabo** 22 mit der Kirche Sagrat Cor und dem links davon aufragenden Fernsehturm Torre de Collserola ist unübersehbar. Von dort bietet sich eine spektakuläre Aussicht! Beliebtestes Ausflugsziel auf dem 532 m hohen Tibidabo ist der **Parc d´Atraccions**, ein Vergnügungspark mit zahlreichen, heute nicht mehr besonders sensationellen Unterhaltungsmöglichkeiten (Öffnungszeiten variieren; im Winterhalbjahr meist nur an Wochenenden geöffnet).

MUSEEN

KUNST Das in einem hypermodernen, blendend weißen Gebäude untergebrachte **Museu d'Art Contemporani** 23 präsentiert Bestände zeitgenössischer Kunst überwiegend aus Spanien und Katalonien (Pl. dels Àngels, 1; geöffnet: Mo., Mi. – Fr. 11.00 – 20.00, Sa. 10.00 – 20.00, So. 10.00 – 15.00 Uhr). In der **Fundació Antoni Tàpies** 24, erkennbar an der Stahldrahtskulptur auf dem Dach („Wolke und Stuhl"), sind Grafiken, Plastiken und Gemälde des katalanischen Künstlers ausgestellt (Aragó, 255; geöffnet: Di. – So. 10.00 – 20.00 Uhr). Das im Palau Nacional untergebrachte **Museu Nacional d'Art de Catalunya (MNAC)** 25, das Nationalmuseum für katalanische Kunst, besitzt hervorragende Sammlungen aus allen Epochen der katalanischen Kunstgeschichte (Palau Nacional, Parc de Montjuïc; geöffnet: Di. – Sa. 10.00 – 19.00, So. 10.00 bis 14.30 Uhr). Das **Museu Picasso** 26 ◆ **TOPZIEL** beherbergt die weltweit bedeutendste und vollständigste Sammlung der Frühwerke von Pablo Picasso (1881 – 1973), der 1895 bis 1904 in Barcelona lebte (Montcada; geöffnet: Di. – Sa. 10.00 – 20.00, So. 10.00 – 15.00 Uhr).

GESCHICHTE Das **Museu Marítim** 27 beherbergt spektakuläre Schiffe und Zeugnisse der Seefahrt; auch wird hier eine Audiovisionsschau zur Seefahrtsgeschichte gezeigt (Av. Drassanes; geöffnet: tgl. 10.00 – 19.00 Uhr). In der Festung auf dem Montjuïc sind im **Museu Militar** 28 Waffen, Kriegsgerät und Dioramen mit Zinnsoldaten zu sehen (Castell de Montjuïc; geöffnet: Sommer Di. – So. 9.30 – 19.30, im Winter bis 16.30 Uhr).

SPORT Das **Museu Futbol Club Barcelona**, in dem man die Trophäen des FC Barcelona bestaunen kann, ist das größte Fußballclub-Museum der Welt (geöffnet: Mo. – Sa. 10.00 bis 18.30, So. 10.00 – 14.00 Uhr).

HOTELS

Palace: Eine der feinsten Adressen der Stadt. Hier verbindet sich die Eleganz früherer Zeiten mit modernstem Komfort; Gran Via de les Corts Catalanes, 668, Tel. 935101130, Fax 933180148, www.hotelpalacebarcelona.com; **Catalonia Berna:** Das Vier-Sterne-Haus der Hotelkette Hoteles Catalonia ist ein unter Denkmalschutz stehendes ehemaliges Wohnhaus im Eixample (nahe dem Passeig de Gràcia), 1863–1864 im klassizistischen Stil erbaut; mit schönen Zimmern, freundlichem Personal und ausgezeichnetem Frühstücksbüffet; Carrer Roger de Llúria, 60, Tel. 932720050, Fax 932720058, www.hoteles-catalonia.com; **Hotel Condestable:** Gute zentrale Lage, stimmiges Preis-Leistungs-Verhältnis, Frühstück, aber kein Restaurant; Ronda Universitat,1, Tel. 933186268, Fax 933186268, www.hotelcondestable.com; **Hotel Toledano:** Bescheidene und preisgünstige Unterkunft an den Rambles nahe der Plaça de Catalunya; La Rambla, 138, Tel. 933010872, Fax 934123142, www.hoteltoledano.com.

BARCELONA
68–69

Tipp

Schöne Tapas-Kneipen

Ausgezeichnete Tapas und ein angenehmes Ambiente findet man im Bilbao-Berria, dessen Spezialität „canapés", belegte Brotscheiben, sind (Gotisches Viertel: Plaça Nova, 3), im Tapa Tapa (Eixample: Passeig de Gràcia, 44), Txapela (Eixample: Passeig de Gràcia, 8–10) und Cervesa d'Or (Nördlicher Raval: Pelai, 12).

RESTAURANTS

Los Caracoles: In der Nähe der Rambles gelegenes rustikales Lokal, das katalanische Küche und Grillspezialitäten bietet, Escudelers, 14, Tel. 933023185. **Neichel:** International ausgezeichnetes Restaurant mit französisch-mediterraner Küche im Pedralbes-Viertel; Beltran i Rozpide, 16, Tel. 932038408. **Agut:** Klassiker unter Barcelonas Restaurants. Das familiäre, im Süden der Altstadt gelegene Lokal aus den 1920er-Jahren serviert katalanische Gerichte, darunter Fischspezialitäten; Carrer Gignàs, 16, Tel. 933151709.

EINKAUFEN

Barcelona ist ein Einkaufsparadies. Die besten Einkaufsmöglichkeiten findet man an der Barcelona Shopping Line, die sich vom Maremàgnum im alten Hafen über die Rambles und das Barri Gòtic, die Plaça de Catalunya, den Passeig de Gràcia und die Avinguda Diagonal bis zur Ciutat Universitaria erstreckt. Exklusive Mode- und Designgeschäfte gibt es an der Rambla de Catalunya und am Passeig de Gràcia sowie an der Avinguda Diagonal samt Seitenstraßen. Weitere Einkaufsviertel sind die Altstadt und El Raval. Städtische Markthallen findet man in allen Stadtteilen.

EINKAUFSZENTREN Ein modernes Einkaufszentrum ist das Maremàgnum im alten Hafenbecken, ein Gebäude aus Glas, Stahl und Beton. Wahre Einkaufsparadiese sind die Filialen von El Corte Inglés, Spaniens größter Kaufhauskette. An der Av. Diagonal steht das Einkaufszentrum Illa Diagonal mit über 130 exklusiven Geschäften, Markthalle, Restaurants und Hotel.

VERANSTALTUNGEN

Interessante Kulturveranstaltungen sind das **Festival de la Música Antiga** im Mai, die klassischen Konzerte in Parkanlagen, **Clàssica als Parcs** (Juli), das **Festival Internacional de Jazz de Barcelona** (Oktober/November). Ein besonderes Erlebnis sind immer die Festivitäten zur **Semana Santa** (Karwoche); die **Festa Nacional de Catalunya**, der Nationalfeiertag der Katalanen, wird am 11. September gefeiert. Ein Höhepunkt im Jahr sind die **Festes de la Mercè:** ein fünftägiges Fest für die Schutzheilige der katalanischen Hauptstadt (um den 24. 9.).

NACHTLEBEN

Barcelonas Nachtleben bietet für jeden Geschmack etwas. In der Altstadt trifft man sich nachts um die Plaça Reial herum; im Raval ist um das Museu d'Art Contemporani eine neue Kneipenszene entstanden, viele Lokale gibt es auch im Stadtviertel Eixample. Das Szeneviertel Born (zwischen Barri Gòtic und Parc de la Ciutadella) und Gràcia gehören mit ihren Kneipen, Cocktailbars, Pubs und Diskotheken zu den beliebtesten Ausgehvierteln. Im Maremàgnum am Hafen gibt es zahlreiche Musikbars und Kneipen, und viele Restaurants, Kneipen und Musiklokale findet man am Olympiahafen und im Poble Espanyol auf dem Montjuïc.

INFORMATION

www.barcelonaturisme.com (Homepage des Fremdenverkehrsamtes von Barcelona).
Plaça de Catalunya, 17
tgl. 9.00 – 21.00 Uhr
Tel. 807117222, Fax 933689735
Plaça de Sant Jaume, Ciutat, 2 (Rathaus)
Mo. – Fr. 9.00 – 20.00, Sa. 10.00 – 20.00,
So. 10.00 – 14.00 Uhr
Estació de Sants, Plaça dels Països Catalans
Mo. – Fr. 8.00 – 20.00, Sa. So. 8.00 14.00 Uhr
Flughafen, Terminals A + B
tgl. 9.00 – 16.00 Uhr

Nicht versäumen!

Kirche der Heiligen Familie
Der Temple de la Sagrada Família gilt als Hauptwerk von Antoni Gaudí. Das riesige bisher unvollendete Gotteshaus ist eine eigenwillige Mischung von Stilzitaten und Neuschöpfungen.

▶ **TOPZIEL** Siehe Nr. **10**

Die Rambles
Den Puls der katalanischen Metropole Barcelona, auf den Rambles spürt man ihn am besten. Auf dem Hauptstraßenzug der inneren Stadt tobt bei Tag und Nacht das Leben.

▶ **TOPZIEL** Siehe Nr. **02**

Von der Wüste zur Oase: Parc Güell
Anfang des 20. Jahrhunderts machte Antoni Gaudì aus einem unwirtlichen Gelände einen Kulturschatz mit märchenhaften Gebäuden, Kolonnaden, Grotten und üppig wuchernder Natur.

Siehe Nr. **21**

Picassos frühe Werke
Mehr als 3500 Objekte umfasst die Sammlung im Museu Picasso. Das meistbesuchte Museum Barcelonas bietet die weltweit wichtigste und vollständigste Sammlung von Frühwerken des Malgenies.

▶ **TOPZIEL** Siehe Nr. **26**

Transbordador Aeri: Hafenseilbahn
Einen phantastischen Blick auf die Hafenanlagen und den Passeig de Colom genießen Schwindelfreie von der Hafenseilbahn zwischen Moll Nou und der Nordostflanke des Montjuïc.

Siehe Nr. **11**

COSTA DAURADA

Goldener Sand, perlender Sekt

Die hellen feinen Sandstrände der Costa Daurada wirken im Sonnenlicht oft wie vergoldet – das gab der Küste ihren Namen: „daurado" sagt man auf Katalanisch für golden. An der Costa Daurada herrscht ein mildes Klima, Gebirgszüge wie die Sierra del Boix oder die Sierra de la Pedrera schützen die Küste vor kalten Winden aus dem Landesinnern. Zu einem beliebten Ferienzentrum hat sich vor allem Sitges entwickelt. Und auch ein Besuch im Hinterland lohnt: Hier gedeiht ein hervorragender Wein, der zu dem perlenden Cava, einem der bekanntesten Exportschlager Spaniens, verarbeitet wird.

Sitges ist bekannt als weltoffenes Seebad

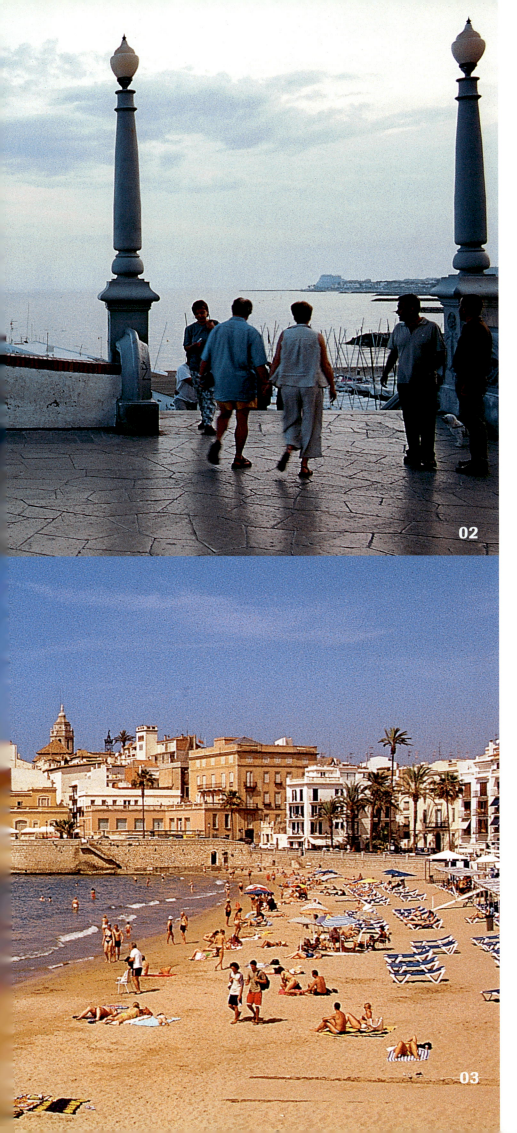

COSTA DAURADA

72–73

Zuerst kamen die Künstler. Ende des 19. Jahrhunderts entdeckten Freiluftmaler um Joan Roig i Soler und Arcadi Mas i Fontdevila das Küstenstädtchen Sitges 40 km südwestlich von Barcelona. Die Künstler, die später als Sitges-Luministen bekannt wurden, blieben nicht lange unter sich. Bereits zu Beginn des 20. Jahrhunderts schätzten reiche Bürger aus Barcelona Sitges als sommerlichen Erholungsort und bauten sich Zweitwohnsitze – schicke Häuser im Stil des Modernisme, des katalanischen Jugendstils.

Elegantes Seebad Sitges

Auch heute noch kann Sitges mit seinen schönen Stränden, seiner hübschen Altstadt und den Jugendstilvillen an der Strandpromenade ganz altmodisch als elegantes Seebad bezeichnet werden. Verstaubt aber wirkt der Ort ganz und gar nicht – im Gegenteil: Liberalität und Weltoffenheit werden hier groß geschrieben. Und so findet man in Sitges, wo im Sommer fast rund um die Uhr Betrieb herrscht, ein sehr gemischtes Publikum, vom reichen Barceloneser mit Zweitwohnsitz

„Verstaubt wirkt der Ort ganz und gar nicht – im Gegenteil: Liberalität und Weltoffenheit werden hier groß geschrieben."

bis hin zum Punker – und Homosexuelle beiderlei Geschlechts, denn infolge der entspannten und toleranten Atmosphäre im Ort fühlt sich gerade die Gay-Szene in Sitges sehr wohl, ja, das Küstenstädtchen wird von Schwulen und Lesben sogar als eine Art eigener europäischer Ferienmetropole angesehen.

Von Jupiter geliebt

Bereits vor 2000 Jahren erfreute sich die Region großer Beliebtheit. Von Tarraco, dem heutigen Tarragona, das in der Antike

01 *Kirche Santa Maria in Sitges*
02 *Kirchenvorplatz in Sitges*
03 *Platja de Sant Sebastià*

COSTA DAURADA

„Tarragona: angenehme Stadt für Erholung und Freizeit."

Vergil

die bedeutendste Stadt auf der Iberischen Halbinsel war, schwärmte der Dichter Vergil als der „angenehmsten Stadt für Erholung und Freizeit"; der Gott Jupiter – so eine Legende, die man in der Stadt gern erzählt – habe sogar seine Frau verlassen, weil er sich in Tarragona verliebt habe. An einem aber fanden die Römer nachweislich Gefallen – am guten Wein, der im Küstenhinterland gedieh. Auch Marcus Porcius, der Erbauer des Amphitheaters von Pompeji, besaß, wie viele wohlhabende Römer, ein Weingut im Penedès südlich von Barcelona.

Spritziges Vergnügen

Seit mehr als zwei Jahrtausenden wachsen im Penedès, dessen sanfte Hügel an die Toskana erinnern, Trauben für fruchtige Weiß-, Rot- und Roséweine, darunter auch hochwertige Tropfen, die inzwischen in über 80 Länder exportiert werden. Weltberühmt aber wurde das Weinbaugebiet mit seinem heute „Cava" genannten Sekt. Die Geburtsstunde des Cava schlug 1872, als der Winzer Josep Raventós die erste Flasche spanischen Schaumwein entkorkte. Raventós, dessen Nachfahren auch heute noch das seit 1551 nachgewiesene Weinhaus Codorníu leiten, hatte die Weingegenden Frankreichs bereist und war insbesondere von den Weinen der Champagne beeindruckt. Ins heimatliche Penedès zurückgekehrt, führte er die in der Champagne um die Wende zum 18. Jahrhundert entwickelte „Méthode champenoise" ein, die Herstellung von Schaumwein durch Flaschengärung. Der katalanische Sekt kam beim Bürgertum Kataloniens bestens an, das, durch die industrielle Revolution wohlhabend geworden, einen Wein gebrauchen konnte, um seine Erfolge zu feiern. Auch andere Weinhäuser spezialisierten sich nun auf den Gewinn bringenden Sekt, allen voran das 1914 gegründete Unternehmen Freixenet.

In Anlehnung an das französische Vorbild wurde das spritzige Lieblingsgetränk der Katalanen zunächst „Champán" (spanisch) bzw. „Xampany de Cava" (katalanisch) genannt. Seit dem EG-Beitritt Spaniens im Jahr 1986 ist diese Bezeichnung verboten; seither tragen die durch Flaschengärung erzeugten Schaumweine in Spanien den Namen „Cava" (Keller). Am katalanischen Cava fand bald auch der französische Champagner-Riese Moët & Chandon Gefallen, der sich 1989 einige Hektar Weinberge im Penedès zulegte.

Duell der Giganten

Beherrscht wird der Cava-Markt von den beiden Weingiganten Codorníu und Freixenet. In Spanien selbst gibt Codorníu den

01 Tarragona: Balcó del Mediterrani
02 Trödel- und Antikmarkt vor der Kathedrale
03 Blick vom Pretori Romà auf die Kathedrale
04 Das Innere der Kathedrale von Tarragona

01 Weingut im Hinterland
02 Gewölbekeller im Weingut Torres in Vilafranca
03 Weinbauer bei der Arbeit
04 Amphorensammlung im Weinmuseum Torres

COSTA DAURADA

76–77

Ton an, beim Export allerdings liegt Freixenet ganz vorn. Beide großen Weinhäuser befinden sich bis heute in Familienhand. Codorníu gehört den Raventós, Freixenet – benannt nach „La Freixeneda" (Eschenhain), dem Anwesen, das seit dem 13. Jahrhundert in Familienbesitz ist – wird von dem Clan Ferrer geleitet. Ferrer hat mit der Marke „Henri Abelé" auch in der französischen Champagne Fuß gefasst und produzierte Werbespots, die Berühmtheit erlangten. Für die TV-Spots wurden nämlich eigens Hollywoodstars verpflichtet – 1977 zunächst Liza Minelli, später kamen Gene Kelly, Paul Newman, Sharon Stone und Kim Basinger.

Natürlich blieben Streitereien zwischen den Konkurrenten nicht aus. 1996 ging

„Für die TV-Spots wurden eigens Hollywoodstars verpflichtet."

Codorníu gegen Freixenet gerichtlich vor und gewann 1999 den Prozess im so genannten Sektkrieg. Ein Gericht sah es als erwiesen an, dass Freixenet Millionen Flaschen vor Abschluss der vorgeschriebenen Reifezeit von neun Monaten auf den Markt gebracht hatte. Aber auch innerhalb des Hauses Codorníu hat es schon gegärt. Sowohl bei den Raventós als auch in der Familie Ferrer ist es üblich, den männlichen Erstgeborenen, den „hereu", als Alleinoder zumindest Haupterben einzusetzen. Als in den 1980er-Jahren der „hereu" von der Raventós-Familie verstoßen wurde, gründete dieser ein neues Unternehmen – Raventós i Blanc – und ließ einen Neubau direkt gegenüber vom Stammhaus der Codorníu in Sant Sadurní d'Anoia errichten. In baukünstlerischer Hinsicht war der Familienstreit eine Bereicherung, denn seither verfügt der Weinort über die bedeutendsten Bauwerke der Gegend: das von Josep Puig i Cadafalch entworfene Cordorníu-Gebäude und das für Raventós i Blanc von Bach & Mora gebaute Stammhaus.

05 *Schaumweinlager*
06 *Kontrahenten: Freixenet und Codorníu*

COSTA DAURADA

78–79

03

SPECIAL Künstlertreff „Cau Ferrat"

Sitges: vom Künstlertreff zum Badeort

Das Städtchen Sitges hat eine über hundertjährige Tourismus-Tradition, die vor allem von Künstlern und Intellektuellen geprägt wurde.

Künstler entdeckten die Stadt

Im Jahr 1891 kam Santiago Rusiñol (1861 bis 1931), Kunstsammler, Maler und einer der bedeutenden Vertreter des katalanischen Modernisme, zum ersten Mal nach Sitges. Ihm hat das Küstenstädtchen seinen Ruf als Kultur- und Badeort zu verdanken, entwickelte sich doch sein Atelierhaus „Cau Ferrat" zu einem beliebten Künstlertreffpunkt um 1900. Die Maler Ramón Casas und Dalí waren hier zu Gast, auch die Dichter García Lorca, Maragall und Ganivet. Der Komponist Enrique Granados gehörte ebenso dazu, und Manuel de Falla komponierte in Cau Ferrat u.a. einen Teil seines Balletts „Der Liebeszauber". In den 1920er-Jahren suchten Surrealisten den Ort auf, und der britische Kriminalautor G. K. Chesterton erfand hier seinen berühmten „Pater Brown".

Zisterzienser in Katalonien

Zu Beginn des 12. Jahrhunderts wurden die Mauren aus Tarragona und aus dem Becken des Ebre vertrieben. Kurz danach kamen mit christlichem Missionseifer die Zisterzienser ins Land, die nach ihren ungefärbten Kutten auch „Weiße Mönche" genannt wurden. Die Mitglieder des nach dem Stammkloster Cîteaux in Burgund benannten, 1098 gegründeten benediktinischen Reformordens verpflichteten sich nicht nur zu Askese und persönlicher Armut, sie waren zudem auch hervorragende Landwirte und Baumeister.

So wurden ab 1150 in den zurückeroberten Gebieten etwa südlich der Linie Barcelona-Lleida drei bedeutende Zisterzienserklöster gegründet. Das wieder von Mönchen bewohnte Kloster Poblet (gegr. 1151) ist das bemerkenswerteste. Die mauerbewehrte Festung – heute Unesco-Weltkulturerbe –, ist die letzte Ruhestätte der meisten Könige und Grafen des katalanisch-aragonesischen Königshauses. Wesentlich kleiner als Poblet ist das 1157 eingerichtete Nonnenkloster Vallbona de les Monges, in dem heute etwa 30 Nonnen leben. Der Konvent von Santes Creus (gegr. 1158) wurde 1835 säkularisiert und verfiel. Heute wird die weit gehend restaurierte Anlage von der Generalitat, der katalanischen Regierung, unterhalten.

An der Platja de la Ribera von Sitges herrscht manchmal großes Gedränge

01 Hafen von l'Ametlla de Mar
02 Altes Reisbauernhaus im Ebre-Delta
03 Blick auf das Dach der Kathedrale von Tortosa

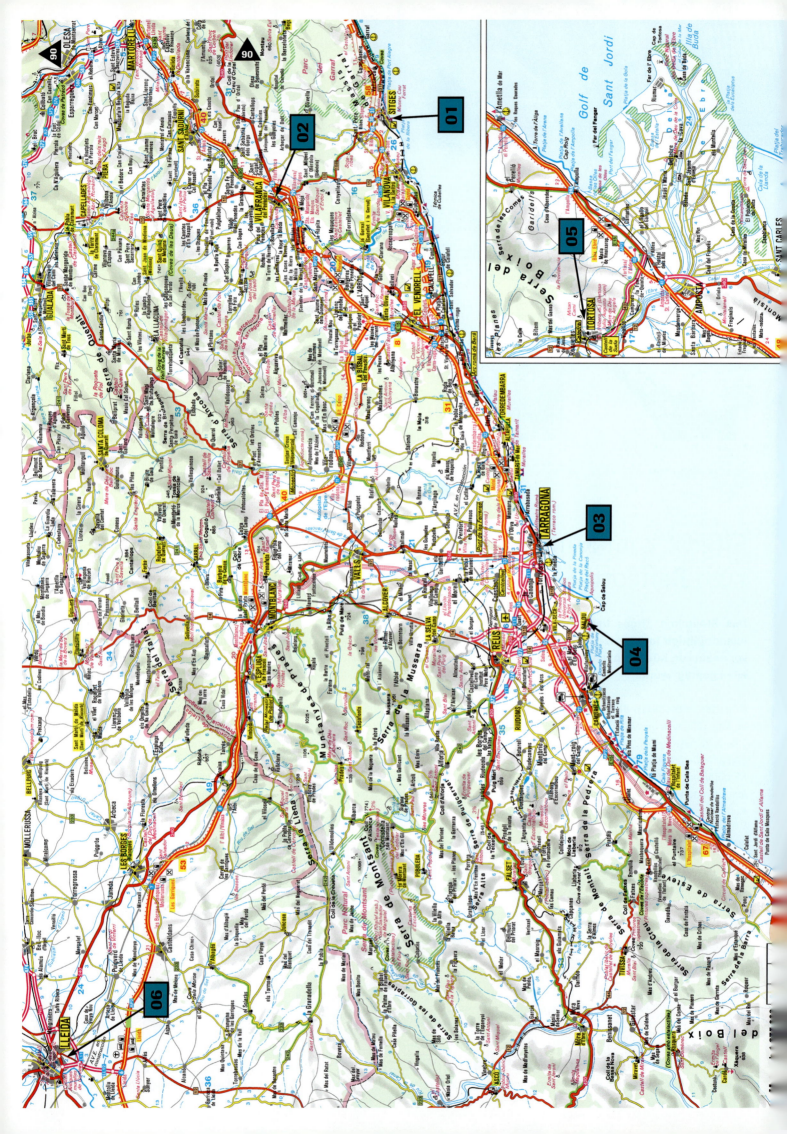

Die Sand-Küste

Zwischen Calafell und Ebro erstreckt sich die Costa Daurada. Im Gegensatz zur Costa Brava im Norden ist dieser 216 km lange Küstenabschnitt geprägt von langen, feinkörnigen und sanft abfallenden Sandstränden – ideale Bedingungen für einen Badeurlaub. Aber auch Kultur hat die Region zu bieten: die Antike in der Hafenmetropole Tarragona und die mittelalterliche Welt der Zisterzienser im Monestir de Poblet und Monestir de Santes Creus.

01 SITGES

Einer der ältesten Badeorte an der spanischen Mittelmeerküste ist Sitges, ein höchst lebendiges Städtchen, das zwar vom Tourismus lebt, nicht aber von Massen überflutet wird. Bei Sitges gibt es fast 5 km lange Strände (auch FKK) und einen modernen Jachthafen.

SEHENSWERT Direkt am Meer, unweit der barocken Kirche **Santa Maria**, steht das Wohnhaus des Malers und Kunstsammlers Santiago Rusiñol (1861 – 1931), das dieser 1891 aus zwei alten Fischerhäusern umbaute und Cau Ferrat nannte. Heute sind hier Gemälde, Zeichnungen und Skulpturen aus dem Besitz des Künstlers ausgestellt, darunter auch Werke von Picasso und El Greco. Im **Museu Romàntic**, eingerichtet in dem Patrizierhaus Casa Llopis (18. Jh.), wird mit Möbeln, Musikautomaten und einer umfangreichen Puppensammlung die Wohnkultur zu Beginn des 19. Jh.s dokumentiert.

UNTERKUNFT Drei Mittelklassehotels sind in Sitges zu empfehlen: **Hotel Romantic** (Sant Isidre, 33, Tel. 938948375, Fax 938948167, www.hotelromantic.com) und **Hotel La Santa Maria** direkt an der Promenade, zu dem das modernere **Hotel La Pinta** gehört (Pg. de la Ribera, 52, Tel. 939840999, www.lasantamaria.com).

RESTAURANT Im **Vivero** bekommt man guten Fisch und leckere Meeresfrüchte; Passeig Balmins, Tel. 938942149.

UMGEBUNG Das geschäftige Nachbarstädtchen von Sitges, **Vilanova I La Geltrú**, hat schöne, breite und feinsandige Strände, die in erster Linie von Barceloneser Ausflüglern frequentiert werden. Das **Museu del Ferrocarril** beim Bahnhof beherbergt eine große Lokomotivensammlung; das **Museu Romàntic Can Papiol** im Carrer Major 32, vermittelt einen Einblick in Wohn- und Lebensstil des wohlhabenden katalanischen Bürgertums Ende des 18. Jh.s.

INFORMATION
Sitges: Sínia Morera, 1
Tel. 938945004, Fax 938944305,
www.sitgestur.com

Vilanova I La Geltrú: Passeig del Carme
Tel. 938154517, Fax 938152693
www.vilanovaturisme.net

02 VILAFRANCA DEL PENEDÈS

Hauptort des Weinanbaugebiets Penedès ist das Städtchen Vilafranca del Penedès, das nur wenige Kilometer von Sitges entfernt im Landesinnern liegt.

SEHENSWERT Im alten Palast der Könige von Aragón an der Plaça Jaume I ist das abwechslungsreich gestaltete **Museu del Vi** untergebracht, das die Entwicklung der Weinkultur von der Römerzeit bis heute dokumentiert. Die Besichtigung endet mit einer Weinprobe in den Gewölben des Königspalastes.

INFORMATION
Cort, 14
Tel. 938181254, Fax 938181479
www.turismevilafranca.com

03 TARRAGONA

Tarragona, Metropole der gleichnamigen Provinz, Bischofssitz und moderne Industriestadt mit geschäftigem Hafen – dem zweitgrößten Kataloniens – ist mit rund 115000 Einwohnern nach Barcelona die zweitgrößte Stadt der Autonomen Region. Der malerische Altstadtkern von Tarragona liegt auf einem 160 m hohen Hügel.

GESCHICHTE Während der Römerzeit war Tarragona bedeutender als Barcelona. Nach der Eroberung durch die Römer im Zweiten Punischen Krieg (218 v. Chr.) war „Tarraco" Hauptstützpunkt der römischen Macht auf der Iberischen Halbinsel. Von der damaligen Bedeutung zeugen heute noch mehrere Baudenkmäler – mit Ausnahme vom westspanischen Mérida gibt es in Spanien keinen anderen Ort, an dem so viele architektonische Zeugnisse aus römischer Zeit erhalten sind.

Tipp

Kellereibesichtigungen

Im Penedès gibt es mehr als 100 Sektkellereien. Viele Cava-Produzenten sind auf Besucher eingestellt, bieten Gratis-Besichtigungen und Verkostungen an. Die besten Besuchstage sind Montag bis Donnerstag. Am Freitag finden Führungen meist nur vormittags statt, und am Wochenende steht man bei vielen Winzern vor verschlossenen Toren.
Die älteste Sektkellerei ist die der Familie Codorníu in Sant Sadurní d'Anoia an der Avinguda Codorníu etwas außerhalb der Stadt. Das Stammhaus und der älteste Teil der Kellerei wurden 1896 bis 1906 von Josep Puig i Cadafalch im Stil des Modernisme erbaut und stehen heute unter Denkmalschutz. In den unterirdischen Stollen lagern in fünf Stockwerken mehr als 100 Millionen Flaschen. Erkundet wird die Kellerei mit einer Art Kleinbahn – die Stollen sind insgesamt immerhin 30 km lang (Tel. 938913342, www.codorniu.es). Die Kellerei der Konkurrenz Freixenet befindet sich ebenfalls in Sant Sadurní d'Anoia in der Nähe des Bahnhofs (Tel. 938917000, www.freixenet.es).
In Vilafranca del Penedès, im Carrer Comercio 22, ist das Familienunternehmen Bodegas Miguel Torres zu Hause; hier werden einige der höchstdekorierten spanischen Weine produziert (Tel. 938177400, www.torres.es).

SEHENSWERT Auf dem **Passeig Arqueològic** ❶ **TOPZIEL** erhält man einen Eindruck vom römischen Erbe der Stadt. Beeindruckend ist die rund 1000 m lange, 3 – 10 m hohe Stadtmauer, die sich um einen Teil des malerischen historischen Zentrums zieht. Das ausgedehnte Ruinenfeld des **Amfiteatre Romà** aus der Zeit des Augustus überblickt man am besten von der Felsspitze

INFO

Balcó de Europa, wo die Rambla Nova, die breite, baumbestandene Hauptverkehrsstraße des jungen Tarragona, endet. Westlich der Rambla Nova zeigen Säulen und Bogenreihen die Stelle an, an der sich das Stadtforum (**Forum Locàl**) befand (nahe der Plaça Corsini). Im so genannten Prätorenpalast (**Pretori Romà**), einem römischen Turm aus dem 1. Jh. v. Chr., der Teil des Provinzforums war, präsentiert das **Museu de la Romanitat** römische und mittelalterliche Funde; von hier aus hat man außerdem Zugang zu den Ausgrabungen des römischen Zirkus. Neben dem Prätorenpalast befindet sich das **Museu Nacional Arqueològic**, das die größte Sammlung von Ausstellungsstücken aus römischer Zeit in Katalonien beherbergt (geöffnet: Juni – Sept. Di. – Sa. 10.00 bis 20.00, Okt. – Mai Di. – Sa. 10.00 – 13.30, 16.00 bis 19.00, So. immer 10.00 – 14.00 Uhr).

Das mittelalterliche Tarragona gruppiert sich um die **Catedral de Santa Tecla**, die sich auf dem höchsten Punkt der Altstadt erhebt. Das Gotteshaus, mit dessen Bau 1278 begonnen wurde, markiert den Übergang von der romanischen zur gotischen Bauweise auf der Iberischen Halbinsel – eines der eindrucksvollsten Beispiele dieser Epoche.

Parador de Tortosa im Castell de la Suda

UNTERKUNFT Ein komfortables Mittelklassehotel mit sehr gutem Preis-Leistungs-Verhältnis ist das **Hotel Urbis** mitten im Zentrum (Reding 20, Tel. 977240116, Fax 977243654, www.hotel-urbis.com). Das **Hotel Astari** – 5 Min. von der Altstadt und 5 Min. von der Platja del Miracle entfernt – ist eine gepflegte, modern eingerichtete und etwas teurere Unterkunft (Via Augusta 95–96, Tel. 977236900, Fax 977236911, www.gsmhoteles.es).

RESTAURANT Eine der besten Adressen der Stadt ist **Les Fonts de Can Sala**: feine katalanische Küche zu annehmbaren Preisen; Ctra. de Valls, 62, Tel. 977228575.

INFORMATION
*Major, 39
Tel. 977250795, Fax 977245507
www.turismedetarragona.com*

04 SALOU-CAMBRILLS

Mit seinen kilometerlangen Sandstränden, unzähligen Hotelsiedlungen, Ferienapartments und Campingplätzen sowie einem riesigen Angebot an Sportmöglichkeiten ist Salou eines der größten Tourismuszentren der Costa Daurada. Auch Cambrils, das mit Salou längst zu einer einzigen Badekolonie zusammengewachsen ist, ist vom Tourismus geprägt, doch geht es hier nicht so hektisch wie im Nachbarort zu. Vom Billigtourismus will man in Cambrils nichts wissen. Entsprechende höhere Preise sind üblich.

UMGEBUNG 1 km nördlich von Salou befindet sich an der Avinguda Pere Molas Europas zweitgrößter Vergnügungspark. 115 ha umfasst der Park, der 1995 unter dem Namen „**Port Aventura**" (Abenteuerhafen) ⊙ TOPZIEL eingeweiht wurde. Öffnungszeiten: Mitte März – Anfang Januar, in der Hochsaison tgl. 10.00 – 24.00, Nov. – Dez. 11.00 – 17.00 Uhr. Eintritt: Erwachsene 39 €, Kinder 31 €, Tel. 902202220, www.portaventura.com.

RESTAURANT Das **Can Bosch in Cambrils** gilt als das beste Restaurant an der Costa Daurada; Rambla Jaume, 1–19, Tel. 977360019.

INFORMATION
*Cambrils: Passeig de les Palmeres
Tel. 977792307, Fax 977792625,
www.turcambrils.info*

05 TORTOSA

Am Nordwestrand des flachen Ebre-Deltas liegt einige Kilometer von der Küste entfernt Tortosa. Überragt wird die alte Bischofsstadt von einer arabischen Festung, in der man heute übernachten kann.

SEHENSWERT In der zwischen 1347 und 1557 erbauten **Kathedrale** (Catedral) wird als Reliquie ein Gürtel verehrt, der angeblich von der Muttergottes getragen wurde. Das **Castell de la Suda** wurde nach seinem 40 m tiefen Brunnen (arab. zuda = Schacht) benannt; in den Mauern des Kastells aus dem 10. Jh. ist der staatliche Parador de Tortosa eingerichtet worden; besichtigen können die Burganlage aber auch Nicht-Hotelgäste. Der Aufstieg auf den Hügel lohnt sich allein wegen des herrlichen Blicks auf die Altstadt und die fruchtbare Gartenlandschaft am Ebre.

UNTERKUNFT Im gepflegten **Parador de Tortosa** oberhalb der Stadt kann man mit herrlichem Blick über das Ebre-Delta wohnen; Castell de la Suda, Tortosa, Tel. 977444450, Fax 977444458, www.parador.es.

UMGEBUNG: Das 320 km² große, weit ins Meer hinein ragende **Ebre-Delta**, das Mündungsgebiet des Ebre (katal.: Riu Ebre, span.: Rio Ebro), ist das größte Feuchtgebiet an der spanischen Mittelmeerküste. Es ist wichtiges Anbaugebiet für Obst, Gemüse und vor allem Reis, einer der reichsten Fischgründe Kataloniens sowie eine Oase für die Tierwelt, insbesondere für Wasservögel wie Flamingos und zahlreiche Reiherarten. Teile des von kleineren Gewässern durchzogenen Ebre-Deltas stehen als **Parc Natural del Delta del'Ebre** unter Naturschutz. In Deltebre befindet sich ein Informationszentrum für den Naturpark; von hier starten Wanderungen, die besonders für Vogelliebhaber interessant sind. Gute Ausgangspunkte für eine Erkundung des Naturschutzgebietes sind auch die kleine Stadt Amposta und das am Meer gelegene Sant Carles de la Ràpida. Bis auf die Illa de Buda, die unmittelbar in der Mündung des Ebre liegt, sind alle Orte im Delta mit dem Pkw erreichbar. Nördlich des Ebre-Deltas liegt kleine Küstenort **l'Ametlla de Mar** mit einem hübschen Hafen. Rund 70 km nördlich von Tortosa liegt der 40 km lange, sehr ruhige und bei Anglern beliebte Stausee **Pantà de la Riba-Roja**, auf dem Hausboote vermietet werden. Info: Badia Tucana, Carretera de Faió, km 6,8; E-43790 Riba-Roja, Tel. 977265161, Fax 977265061, www.badiatucana.com.

INFORMATION
*Plaça Carrilet, 1
Tel. 977449648, Fax 977510822
www.turismetortosa.com*

06 LLEIDA

Die mit 120 000 Einwohnern größte Stadt des westlichen Kataloniens und Hauptstadt der gleichnamigen Inlandsprovinz liegt in der fruchtbaren Landschaft des Riu Segre, einem der wichtigsten Agrargebiete Spaniens.

GESCHICHTE Anfangs eine iberische Siedlung, wurde der Ort im 2. Jh. v. Chr. von den Römern erobert. 1149 eroberte Ramón Berenguer IV. nach 400 Jahren maurischer Herrschaft die Stadt. 1300 wurde die erste Universität Kataloniens in der Stadt gegründet. Sie bestand bis 1717; mittlerweile hat Lleida wieder eine Universität. Bis ins 20. Jh. wurde die Stadt immer wieder belagert und zerstört, zuletzt 1936. Aus diesem Grund hat Lleida, abgesehen von der Alten Kathedrale, keine hochrangigen Baudenkmäler.

COSTA DAURADA

Monestir de Poblet: Das größte Zisterzienserkloster Kataloniens liegt inmitten von Weinbergen

SEHENSWERT Die Altstadt zieht sich am nordwestlichen Ufer des Riu Segre um den Burgberg mit dem mächtigen, viertürmigen **Castell La Suda**. Die Ursprünge der Festung, die den Königen von Aragón auch als Palast diente, gehen auf die Zeit der Mauren zurück. Innerhalb der Verteidigungswälle erhebt sich die weithin sichtbare, im 16. Jh. vollendete **Alte Kathedrale** (La Seu Vella), die bedeutendste Sehenswürdigkeit der Stadt. Als „Alte Kathedrale" wird sie bezeichnet, seit im Jahr 1790 die Catedral Nova eingeweiht wurde. Das auf den Grundmauern einer früheren Moschee erbaute dreischiffige Gotteshaus diente über 200 Jahre lang – von 1707 bis 1963 – als Kaserne und wird seither allmählich restauriert. Der gotische Kreuzgang gilt als einer der schönsten Kataloniens; hohe Maßwerkfenster geben den Blick frei auf die Stadt.
Eine Besonderheit stellt auch der fast 60 m hohe, achteckige Glockenturm von 1416 in der Nordwestecke dar (geöffnet: Di. – So. im Sommer 10.00 – 13.30, 16.00 – 19.30, im Winter 10.00 bis 13.30, 15.00 – 17.30 Uhr). Zur Seu Vella kann man mit einem Aufzug hinauffahren, der von der Plaça de Sant Joan unterhalb des Burgbergs aus verkehrt (Betriebszeiten: wie die Alte Kathedrale).

UNTERKUNFT Ein angenehmes Drei-Sterne-Hotel mit gutem Preis-Leistungs-Verhältnis ist das **Hotel Pirineos**; Passeig de Ronda, 63, Tel. 973273199, Fax 973262043, E-Mail nhpirineos@nh-hotels.com.

RESTAURANT Traditionelle Regionalküche und eine gute Auswahl an Weinen aus der Umgebung bekommt man im **Forn del Nastasi**; Salmerón, 10, Tel. 973234510.

UMGEBUNG Östlich bzw. südöstlich von Lleida sind mehrere von Zisterziensern gebaute Klosteranlagen sehenswert.
Relativ klein und sehr schlicht ist **Vallbona de les Monges** rund 40 km östlich von Lleida, das 1157 von Ramón de Vallbona als Nonnenkonvent gegründet wurde. Die Nonnen widmeten sich der Seelsorge, der Landwirtschaft und dem Kunsthandwerk.
Südlich von Vallbona de les Monges liegt der 1151 gegründete **Monestir de Poblet**, das größte Zisterzienserkloster in Katalonien, das von der Unesco zum Weltkulturerbe erklärt wurde. Sein Name leitet sich vom lat. Populetum (Pappelallee) ab. Die Klostergebäude gruppieren sich um einen großen frühgotischen Kreuzgang. Einzigartig ist der Panteó Reial in der Klosterkirche Santa Maria, die Grablege der aragonesischen Könige beiderseits der Vierung, darunter Alfonso II. und Juan I. Beeindruckend ist zudem der Alabaster-Altar.
Vom Monestir de Poblet aus in östlicher Richtung kommt man nach **Montblanc**, ein malerisches altes Städtchen, das von einer Stadtmauer mit 32 Türmen umzogen wird. Der **Monestir de Santes Creus** – im Jahr 1158 gegründet – ist neben dem Monestir de Poblet das bedeutendste Zisterzienserkloster Kataloniens. Im Mittelalter war es direkt dem Papst unterstellt. Eindrucksvoll sind die romanische Kirche mit festungsartiger Fassade, achteckiger Vierungskuppel und schöner Rosette sowie zwei Kreuzgänge (romanisch und gotisch).

INFORMATION
Major, 31 bis
Tel. 902250050, Fax 973700480
www.turismedelleida.com

Nicht versäumen!

Auf den Spuren der Römer
In Tarragona wimmelt es von recht gut erhaltenen römischen Monumenten. Deshalb wurde das antike Architekturensemble im Jahr 2000 von der Unesco zum Weltkulturerbe erklärt.

▶ **TOPZIEL**   Siehe Nr. **03**

Sein eigener Kapitän sein
9 bis 14 Meter lange Hausboote lassen für „Kreuzfahrten" auf dem Pantà de la Riba-Roja ausleihen. Zum Steuern der Schiffe (für maximal 9 Personen) über den landschaftlich schön gelegenen See benötigt man keinen Bootsführerschein.

Siehe Nr. **05**

„Abenteuerhafen"
3,5 Millionen Menschen amüsieren sich alljährlich im Vergnügungspark „Port Aventura". Zu den Highlights gehören die Achterbahnen, die preisgekrönte Show „Fiestaventura" und der 2006 neu eröffnete Freifallturm Hurakan Condor.

▶ **TOPZIEL**   Siehe Nr. **04**

Paradies für Vögel und Ornithologen
In dem etwa 80 km² großen Parc Natural del Delta del'Ebre wurden fast 300 verschiedene Vogelarten gezählt – jede ist mit 50000 bis 100000 Exemplaren vertreten.

Siehe Nr. **05**

Weltkulturerbe Monestir de Poblet
Als „Triumphzeichen und steinerne Danksagung für die Vertreibung der muslimischen Araber" wurde es 1151 gegründet. Heute ist das Monestir de Poblet Unesco-Weltkulturerbe und gilt als das umfangreichste und besterhaltene Zisterzienserkloster des Abendlandes.

Siehe Nr. **06**

ZENTRALKATALONIEN

Ruhiges Herz Kataloniens

Zentralkatalonien ist der Gegenpol zur stellenweise sehr hektischen katalanischen Küste – in den Dörfern und kleinen Städten im bergigen Hinterland der Costa Brava geht es ausgesprochen ruhig und geordnet zu. Lohnend ist dieser Landstrich nicht nur wegen der hübschen Orte und üppigen Vegetation, man findet hier mit dem Kloster Santa Maria in Ripoll die „Wiege Kataloniens" und mit dem Monestir de Montserrat eine der bekanntesten Sehenswürdigkeiten Spaniens.

Das Felsmassiv des Montserrat – der „heilige Berg der Katalanen"

ZENTRALKATALONIEN

„Einfach hatten es die Katalanen nie."

Claudia Heidenfelder

Sie ist eine der wohl perfektesten Bildhauerarbeiten der romanischen Kunst in Katalonien: die „steinerne Bibel" bzw. „Ripoll-Bibel" aus dem 12. Jahrhundert am Hauptportal der Kirche von Santa Maria in Ripoll. Das Kloster Santa Maria ist aber nicht nur wegen seiner im Skulpturenschmuck schwelgenden Bilder-Bibel berühmt; der Konvent gilt auch als „Wiege Kataloniens" (Bressol de Catalunya). Auf Veranlassung von Wilfried dem Haarigen (Guifré el Pelos), dem Gründer des Hauses Barcelona, wurde das Kloster im Jahr 888 errichtet und von ihm sehr schnell zum politischen Machtzentrum ausgebaut. Mit seiner immensen Bibliothek wurde Santa Maria darüber hinaus zum Mittelpunkt des Geisteslebens jener Zeit.

„Musterländle"

Dass der Monestir Santa Maria einst ein politisches und kulturelles Zentrum von europäischem Rang war, ist heute kaum noch nachzuvollziehen – so verschlafen wirkt das Städtchen Ripoll. Im bergigen Hinterland der Costa Brava, im katalanischen Gebirge, herrschen nicht die Hektik und der Trubel, die das Leben in den Küstenorten prägen. Generell geht es in der Garrotxa, wie die Gegend östlich von Ripoll heißt, ausgesprochen ruhig zu. Die Garrotxa, ein von dichtem Grün bedecktes Bergland vulkanischen Ursprungs, ist ein wahres „Musterländle". Ihre Bewohner arbeiten viel und gerne, wie sie selbst behaupten, und auf Sauberkeit wird großer Wert gelegt. Barcelona ist weit weg, und mit der Hauptstadt von Katalonien hat man hier überhaupt nichts im Sinn. Wenn man von der „Stadt" redet, meint man Olot, die Hauptstadt der Region. Die nahe Costa Brava, die Vergnügen und Verdienst verspricht, spielt in den Köpfen der hier lebenden Menschen keine große Rolle.

Wurstmuseum und Sparschweine

Mit Stolz verweisen die Leute in der Garrotxa auf ihren Ideenreichtum. Eine gute Idee hatte beispielsweise die Metzgerfamilie Sala aus Castellfollit, einem Städtchen, dessen alter Ortsteil auf einem Basaltsporn 60 Meter hoch über dem Riu Fluvià klebt – viele Häuser wurden direkt über dem Abgrund gebaut. Die Salas richteten neben ihrer Metzgerei das Museu de l'Embotit ein, ein Wurstmuseum, in dem anschaulich gezeigt wird, wie sich in den letzten 150 Jahren die Wurst- und Fleischwarenerzeugung im katalanischen Binnenland entwickelt hat. Sinnigerweise wurde eine Vitrine mit Sparschweinen bestückt – denn zweifellos haben auch diese „Schweine" etwas mit Wursterzeugung zu tun. Für die Familie Sala jedenfalls.

01 *Fort Fortifikat im Städtchen Besalú*
02 *„Ripoll-Bibel": Portal der Klosterkirche*
03 *Schmied in Besalú*
04 *Cardona: Pont del Diable und Parador (hinten)*

SPECIAL — Spezialitäten aus dem katalanischen Gebirge

ZENTRALKATALONIEN

Botifarra, Fuet und Salchichón: leckere Würste aus Vic

Spanien ist ein Wurstland, jede Region hat ihre eigenen aus Schweinefleisch hergestellten Wurstspezialitäten.

Besonders beliebt: Botifarras

In Katalonien ist insbesondere die Stadt Vic im katalanischen Gebirge für die Herstellung von Würsten bekannt. Beliebt sind die Botifarras, die es als Botifarra blanca, eine Bratwurst aus magerem Schweinefleisch, Kutteln und Fett, oder als Botifarra negra gibt, als gut gewürzte, schwarze Blutwurst, die roh oder in Eintöpfen genossen wird.

Klassiker Salchichón

Diese salamiähnliche Hartwurst wird immer aus bestem Schweinefleisch und diversen Gewürzen hergestellt. Sie wird zwar in ganz Spanien hergestellt, die beste Salchichón kommt aber aus Vic, wo eine Mischung aus Schweinefleisch und Speck mit weißem und schwarzem Pfeffer gewürzt wird. Dann füllt man die Masse in den Darm. Die Würste trocknen in natürlichen Trockenkammern, der Prozess der Lufttrocknung kann bis zu einem Jahr dauern.

Auch Camprodón bietet Wurstspezialitäten

Zwischenmahlzeit: Fuet-Würste

Eine weitere Spezialität in Vic und in den katalanischen Pyrenäen sind die Fuet-Würste, dünne, der Salami verwandte Hart- bzw. Dauerwürste, die rustikal, nicht zu salzig, sogar ein wenig süßlich und sehr aromatisch schmecken. Serviert werden die in feine Scheiben geschnittenen Fuet-Würste bei einer Zwischenmahlzeit mit Brot und Rotwein.

Das Fronleichnamsfest in Berga

Das ruhige Provinzstädtchen Berga lohnt nicht unbedingt einen Besuch, aber in der Fronleichnamswoche wird hier ein riesiges Spektakel geboten. Dann nämlich wird vier Tage lang die Festa de la Patum gefeiert, eines der turbulentesten Volksfeste Kataloniens mit viel Musik und Tanz. Dabei wird der Kampf zwischen Gut und Böse dargestellt: Christen kämpfen gegen Mauren; Teufel zünden Feuerwerkskörper, bis sie vom Erzengel Michael bezwungen werden. Den Höhepunkt bilden Gestalten mit Furcht einflößenden Gesichtsmasken. Der Freitag ist den Kindern gewidmet, und es treten dieselben erschreckenden Figuren auf, nur in kleinerer Besetzung. La Patum ist das älteste und längste Fronleichnamsfest Kataloniens. Es entstand vermutlich Ende des 14. Jahrhunderts, als Berga, bis 1391 Feudalbesitz der Gräfin von Foix, unter die Herrschaft der Krone von Katalonien-Aragón kam. Der Name des Festes leitet sich vom monotonen Schlagen der „tabal", einer Pauke, ab: pa-tum, pa-tum.

Vom Pilz berührt

Pilze sind ein wichtiges Element der katalanischen Küche. Der französische Ethnologe Claude Lévi-Strauss meinte sogar, der Umgang mit Pilzen sei ein wesentliches Element der katalanischen Identität. Viele Katalanen suchen begeistert nach den „bolets" (von lat. boletus), den Wildpilzen.
Von rund 400 Pilzarten in Katalonien sind 96 essbar. Beliebtester Wildpilz ist der aromatische, fleischige „rovelló", der Echte Reizker. Pilze werden gegrillt, mariniert, gebraten, gedünstet, man isst sie als Tapa, sie dienen als Beilage für Suppen, Eintöpfe, Fleisch-, Nudel- oder Fischgerichte, sie werden mit Eiern zur Tortilla verrührt. Selbst der Fliegenpilz spielt eine Rolle: Schafhirten in den Pyrenäen sollen seine halluzinogene Wirkung genossen haben. Auch dem Architekten Antoni Gaudí sagt man nach, er sei „tocat del bolet", „vom Pilz berührt", gewesen.

Wurstspezialitäten aus Vic

01 *Portal der Basilika von Montserrat*
02 *Musiker bei der Festa de la patum in Berga*
03 *Fronleichnamsspektakel in Berga*
04 *Altstadtgasse in Berga*

Das „andere" Katalonien

Im bergigen, grünen Hinterland der Costa Brava geht es ruhiger zu als in den Küstenorten. Doch das war nicht immer so: Ripoll gehörte einst zu den politischen und kulturellen Zentren Europas. Gleichwohl hat die Region auch heute einiges zu bieten: Besalú mit seiner perfekt erhaltenen mittelalterlichen Altstadt, Vic mit einem der schönsten Marktplätze Spaniens und das berühmte Kloster von Montserrat inmitten eines eindrucksvollen Bergmassivs.

01 BANYOLES

Dank ihres Sees, der in eine liebliche Hügellandschaft eingebettet ist, ist die Kleinstadt Banyoles ca. 20 km nördlich von Girona ein beliebtes Ausflugsziel. Mit 2 km Länge und 700 m Breite ist der aus unterirdischen Quellen gespeiste Estany de Banyoles der größte natürliche Binnensee Kataloniens. 1992 wurden hier die olympischen Ruderwettkämpfe abgehalten. In dem relativ warmen Wasser darf gebadet werden – es gibt einige Strandbäder an den von Pappeln und Weiden gesäumten Ufern; Surfen und Wasserski sind aus Naturschutzgründen verboten.

SEHENSWERT Im **Archäologischen Museum** nahe der Plaça Major ist die Kopie eines in der Nähe des Sees gefundenen, ca. 80 000 Jahre alten Kiefers einer Frau ausgestellt.

02 BESALÚ

Besalú ist ein hübsches Städtchen mit verwinkelten engen Gassen und einer Reihe interessanter alter Sakral- und Profanbauten. Der unter Denkmalschutz stehende Ort hat noch vollkommen sein mittelalterliches Bild bewahrt und ist ein beliebtes Ausflugsziel. Wer die besondere Atmosphäre der Stadt erleben möchte, muss bis zum Abend warten.

SEHENSWERT Die von Arkadengängen und historischen Gebäuden aus dem 16. Jh. gesäumte **Plaça de la Llibertat** ◯ **TOPZIEL** ist der Hauptplatz von Besalú. Hier ist das mittelalterliche Flair des Städtchens am besten zu spüren. Südwestlich vom Hauptplatz liegt die Plaça de Sant Pere, mit der Kirche **Sant Pere** – ein wuchtiger, dreischiffiger Bau, der zu den bedeutendsten romanischen Bauwerken in Katalonien gehört. Wahrzeichen der Stadt ist der **Pont Fortifikat**, eine romanische Brücke, die den Riu Fluvià überspannt. Mit seinen beiden Wehrtürmen und den fünf unterschiedlich breiten Bögen ist er in einem leichten Winkel über den Fluss gezogen. Rechts der Brücke liegt das ehemalige jüdische Viertel mit der **Mikwe**, einem jüdischen Bad aus dem 13. Jahrhundert.

INFORMATION
Plaça de la Llibertat, 1
Tel. 972591240, Fax 972591150
www.besalu.cat

03 OLOT

Die architektonisch nicht besonders interessante, aber in ihrem Zentrum dennoch sehr reizvolle Industriestadt Olot ist der Hauptort der Garrotxa, einer aus 30 Kratern bestehenden Vulkanzone, die unter Naturschutz steht und ein beliebtes Wandergebiet bildet.

SEHENSWERT Das **Museu Comarcal de la Garrotxa** zeigt, was der Region Bedeutung verlieh: Produkte der hier ansässigen Textilindustrie einerseits, andererseits Landschaftsbilder der 1783 gegründeten Malerschule von Olot. Eine schöne Kirche ist **Sant Esteve**.

INFORMATION
Hospici, 8,
Tel. 972260141, Fax 972270455
www.olot.org/turisme

04 RIPOLL

Ripoll, ein heute recht verschlafen wirkender Industrieort, beherbergt das im 9. Jh. gegründete Benediktinerkloster Santa Maria. Das Kloster war Macht- und Kulturzentrum von Wilhelm dem Haarigen, dem Gründer des Hauses Barcelona, weswegen Ripoll auch als die „Wiege Kataloniens" bezeichnet wird.

SEHENSWERT Von dem einstigen **Kloster** aus dem 9. Jh. ist nichts mehr erhalten; was man sieht, stammt aus späterer Zeit. Vor allem im 11. Jh. erfuhr Santa Maria zahlreiche bauliche Veränderungen. Unter anderem erhielt das Kloster unter Abt Oliba, einem sehr einflussreichen und kunstverständigen Kirchenfürsten, eine fünfschiffige Basilika, die 1835 bei einem Brand fast vollkommen zerstört wurde.
Erhalten blieb das romanische Hauptportal, das die heutige Kirche (1883) schmückt, aber durch

In der Kirche Sant Esteve in Olot

Luftverschmutzung bereits stark beschädigt ist. Mittlerweile wird es notdürftig durch eine Glasscheibe geschützt. Einen Besuch des Portals, das wegen seiner bildlichen Darstellungen aus dem Alten und Neuen Testament als **„Ripoll-Bibel"** bekannt ist, sollte man nicht auf den frühen Nachmittag legen; von 13.00 bis 15.00 Uhr ist die Vorhalle geschlossen, und durch die Glasscheibe lässt sich, je nach Lichteinfall, oft nicht viel erkennen.

UMGEBUNG Das Städtchen **Sant Joan de les Abadesses** ca. 6 km nordöstlich von Ripoll nennt eines der wichtigen romanischen Kunstwerke in Katalonien sein eigen: die Kreuzabnahmegruppe „el santissim misteri" (um 1250), die sich in einem ebenfalls von Wilfried dem Haarigen gegründeten Kloster befindet. Die Holzfigurengruppe zeigt Christus, Maria, die beiden Schächer, den hl. Johannes und Nikodemus sowie Joseph von Arimathia.
Gut 20 km nordöstlich von Ripoll kommt man nach **Camprodón**, das wegen seines reizvollen altertümlichen Kerns auch „Smaragd der Pyrenäen" genannt wird. Camprodón ist der erste richtige Bergort der Provinz Girona und ein bekanntes Wintersportzentrum. Sehenswert ist die Brücke im gotischen Stil, die sich eindrucksvoll hoch über den Riu Ter wölbt.
15 km nördlich von Ripoll liegt **Ribes de Freser**. Von dort führt eine Zahnradbahn (s. Tipp) ◯ **TOPZIEL** zum ca. 2000 m hoch gelegenen Santuari de Núria hinauf: eine Mischung aus Wallfahrtsort und Ausflugsziel mit Hotel, Restaurants und Souvenirläden. In der Wallfahrtskirche wird eine Marienstatue verehrt, die als Beschützerin der Pyrenäenschäfer gilt. Der Santuari de Núria ist im Sommer Ausgangspunkt für Bergwanderungen, im Winter für Skitouren.

INFO

UNTERKUNFT Als ein einfaches, sehr gepflegtes Hotel ist der **Hostal Porta de Núria** in Ribes de Freser zu empfehlen. Das Hotel liegt in der Nähe der Talstation der Zahnradbahn zum Vall de Núria, die Preise sind moderat; Tel. 972727137, www.elripolles.com/portadenuria.

INFORMATION
Ripoll: Plaça Abat Oliba
Tel./Fax 972702351, www.ajripoll.org
Camprodón: Ctra. C-38, km 1
Tel. 972740936; Fax 972130359
www.valldecamprodon.org

Tipp

Reise im „Reissverschluss"

Etwa 2,5 km lang, 15 Prozent Steigungswinkel, 45 Minuten Fahrtdauer. Auf ihrer Fahrt von der Talstation Ribes de Freser 15 km nördlich von Ripoll über das Bergdorf Queralbs bis zur Bergstation Núria bewältigt die Cremallera, der „Reißverschluss", einen Höhenunterschied von 1059 m. Die seit 1931 bestehende Zahnradbahn war lange die einzige ihrer Art in Spanien. Schwindelfrei sollte man sein: Die Fahrt geht über tiefe Abgründe, enge Schluchten und etliche Viadukte. Zudem werden neun Tunnel und mehrere Gebirgsbäche passiert. Wer nur den spektakulärsten Teil der Strecke kennen lernen will, kann auch erst in dem malerischen Dorf Queralbs in 1236 m Höhe zusteigen; allerdings sind dort die Parkplätze an Sommerwochenenden schnell voll. Eine Straße nach Núria existiert nicht. Einzige Alternative zur Cremallera ist ein Fußweg, der Fußmarsch von Queralbs nach Núria dauert etwa drei bis dreieinhalb Stunden.

Die Hin- und Rückfahrt mit der Cremallera (Ribes de Freser – Núria) kostet 16 €; Tel. 972732020; www.valldenuria.com

05 BERGA

Berga ist die Hauptstadt einer weiten Hochebene mit Namen Berguedà, die sich im Norden bis zur 2000 m hohen Serra del Cadí zieht.

VERANSTALTUNG Einmal im Jahr erwacht Berga zu vollem Leben und scheint dann aus den Nähten zu platzen. Zu Fronleichnam wird hier die dreitägige **Festa de la Patum** gefeiert, die als eines der wichtigsten Feste in Katalonien gilt.

UMGEBUNG Oberhalb der Stadt kommt man in 400 m Höhe zum Balcó de Catalunya, von dem sich ein hervorragender Blick über den Stausee Pantá de la Baells bis zur Ebene von Vic und auf der anderen Seite bis zum Felsmassiv von Montserrat bietet.

INFORMATION
Carrer dels Àngels, 7
Tel. 938211384, Fax 938221155
www.ajberga.cat

06 CARDONA

Das Bild Cardonas ist geprägt durch die weithin sichtbare Burg der Herzöge von Cardona, die bereits im 8. Jh. erwähnt wurde. Bekannt ist die kleine Stadt schon seit alters her für den Abbau von Steinsalz; erst zu Beginn der 1990er-Jahre wurde hier das letzte Bergwerk geschlossen.

SEHENSWERT Wahrzeichen von Cardona ist das mittelalterliche **Castillo**, das auf einem Hügel über der Stadt thront und zu einem Parador umfunktioniert ist. Innerhalb der Burganlage steht die dreischiffige Kirche Sant Vicenç de Cardona von 1040, eines der schönsten Beispiele für den lombardischen Stil in Katalonien. Burganlage und Burg können besichtigt werden.
Schon die Römer bauten in dem **Salzberg** ca. 1 km von Cardona entfernt, das „Weiße Gold" ab; 1990 wurden die Minen geschlossen. Heute kann man sie besichtigen und mit einem Spezialfahrzeug „einfahren". Zum Schluss geht es in die Salz-Werkstatt und ins Salz-Museum, dort kann der Besucher sich auch mit Salz-Souvenirs eindecken (Carretera de la Mina; geöffnet: Di. – Fr. 10.00 bis 15.00, Sa. – So. 10.00 – 18.00 Uhr). Tel. 938692475, www.salcardona.com.

UNTERKUNFT Eine schöne und etwas kostspielige Unterkunft ist der **Parador de Cardona** mit weitem Blick über die Stadt; guter Service; Tel. 938691275, www.parador.es.

Unterkunft vom Feinsten: Parador de Cardona

INFORMATION
Av. del Rastrillo
Tel. 938692798, Fax 938692901
www.ajcardona.org,
E-Mail tur.cardona@diba.es

07 VIC

Bedeutung hatte Vic bereits im frühen Mittelalter als Bischofssitz. Heute lohnt für Besucher vor allem ein Bummel durch die gut erhaltene Altstadt, die von einer Ringmauer umzogen wird.

SEHENSWERT Die Kathedrale von Vic, **La Seu**, stammt aus dem Jahr 1040. Den Innenraum der Kirche malte der katalanische Künstler Josep Maria Sert zwischen 1926 und 1936 mit monumentalen religiösen Fresken aus. Im Chorumgang befindet sich das wertvollste Stück der Kathedrale: der farbig gefasste und reich vergoldete gotische **Alabasteraltar** von Pere Oller (15. Jh.). Die Sammlung romanischer Kirchenmalereien im **Museu Episcopal** an der Plaça Bisbe Oliva ist einer der bedeutendsten Spaniens (geöffnet: Sommer Di. – Sa. 10.00 – 19.00, So. 10.00 – 14.00 Uhr; im Winter werktags kürzere Öffnungszeiten). Die von Arkadengängen und Häusern im gotischen, barocken und modernistischen Stil umzogene **Plaça Major** zählt zu den schönsten Marktplätzen des Landes. Die Plaça liegt im nordwestlichen Teil der Altstadt.

UNTERKUNFT Der **Parador Vic-Sau**, ein Vier-Sterne-Parador, liegt oberhalb des Stausees Pantà de Sau. Ein gutes Restaurant ist angeschlossen; Paraje el Bac de Sau, Vic-Sau, Tel. 938122323, Fax 938122368.

RESTAURANT Katalanische Gerichte und eine große Auswahl an spanischen Tapas bekommt man in **La Taula**; Pl. Don Miquel de la Clariana, 4, Tel. 938863229.

ZENTRALKATALONIEN

92–93

UMGEBUNG Südöstlich von Vic befindet sich das mit etwa 300 km² Fläche größte Waldgebiet Kataloniens: Es zieht sich über das bis zu 1700 m hohe Massiv der Serra de Montseny und erweckt fast den Eindruck einer schweizerischen Landschaft – „Spanische Schweiz" wird die Gegend daher auch genannt. Bei Wanderern ist der Naturpark in der Montseny-Region beliebt, der gut ausgeschilderte Wege und Berghütten bietet.

INFORMATION
Ciutat, 4
Tel. 938862091, Fax 938892637
www.victurisme.cat

08 MONESTIR DE MONTSERRAT

Das steil aus der hügeligen Umgebung aufragende Felsmassiv des Montserrat mit dem berühmten Kloster ist eines der bekanntesten Ziele in Spanien.

SEHENSWERT Wie eine riesige Burg erscheint das auf einem Felsvorsprung in einer Höhe von 725 m gelegene **Kloster** ► TOPZIEL, das bedeutendste Heiligtum der Katalanen und nach Santiago de Compostela das wichtigste Wallfahrtsziel in ganz Spanien. Der Legende nach wurde der Konvent im Jahr 880 zu Ehren eines wundertätigen Marienbildes gegründet. Heute ist das Ziel der Montserrat-Pilger die **Madonnenstatue** in der Basilika, eine farbig gefasste hölzerne Skulptur (12./13. Jh.), die auch „La Moreneta" genannt wird, da Gesicht und Hände wohl vom Kerzenruß schwärzlich geworden sind. Der 1881 zur Schutzpatronin von Katalonien erklärten Madonna werden wundersame Kräfte zugeschrieben, und täglich warten Pilger in langen Schlangen darauf, die Statue zu berühren. Im Kloster, das mit **Basilika** und Nebengebäuden eine kleine, in sich geschlossene Stadt bildet, leben 80 Benediktinermönche, die die **Bibliothek**, das **kunstgeschichtliche Museum** sowie das Hotel und die anderen touristischen Einrichtungen verwalten. Mit der im 15. Jh. gegründeten Escolania unterhält der Konvent auch eine der ältesten und berühmtesten **Musikschulen** der Welt; die jungen Schüler werden an Instrumenten und im Chorgesang ausgebildet. Besucher können ihren Stimmen beim Ave Maria (13.00, So. 12.00 Uhr) und bei der Vesper (18.45 Uhr) lauschen.

UNTERKUNFT Das dem Kloster angeschlossene **Hotel Abat Cisneros** ist eine preisgünstige Übernachtungsmöglichkeit; Plaza del Monestir, Tel. 938777701, Fax 938777724.

Tipp

Wege zum Kloster

Das Monestir de Montserrat ist über zwei Anfahrtswege zu erreichen – von Osten oder von Westen her. Östlich des Felsmassivs führt von der C 1411 eine sehr steile und kurvenreiche, aber landschaftlich ausgesprochen reizvolle Straße hinauf. Im Westen biegt von der autobahnähnlichen N II eine ebenfalls kurvenreiche, jedoch nicht steile und sehr gut ausgebaute Straße zum Kloster ab.
Kurz hinter dem Ort Olesa (südöstlich von Montserrat) liegt die Talstation der Schwebebahn (Aeri), die zum Kloster führt. Von Barcelona aus gibt es eine direkte Bahnverbindung von der Plaça d'Espanya zur Talstation der Schwebebahn.

Nicht versäumen!

Heiliges Pilgerzentrum
In einem eindrucksvollen, 10 km langen und 5 km breiten Felsmassiv liegt das Monestir de Montserrat. Das Kloster ist nach der Alhambra (Granada) das am zweithäufigsten besuchte Monument des Landes.

► **TOPZIEL** Siehe Nr. 08

Zahnradbahn ins Nuria-Tal
Das auf 2000 m Höhe gelegene Nuria-Tal ist ein beliebtes Ausflugsziel und kann nur zu Fuß über den historischen Pilgerpfad oder mit einer Zahnradbahn, der Cremallera de Núria, erreicht werden.

► **TOPZIEL** Siehe Nr. 04

Die Magie des Salzes
80 m tief führt die Fahrt in den 270 m langen Schacht Manilla in den Salzberg bei Cardona mit beeindruckenden verschiedenfarbigen Mineralien, Stalaktiten und Stalagmiten.

Siehe Nr. 06

Mittelalterstädtchen Besalú
Der 2000-Einwohnerort hat sich sein mittelalterliches Bild komplett bewahrt. Besonders schön ist Besalú an der Plaça de Llibertat – und am Abend, wenn die Bustouristen wieder verschwunden sind.

► **TOPZIEL** Siehe Nr. 02

Marktplatz zum Verlieben
Der von Arkadengängen und Häusern im gotischen, barocken und modernistischen Stil umzogene Plaça Mayor in Vic zählt zu den schönsten Marktplätzen in Spanien.

Siehe Nr. 07

Vor dem Monestir de Montserrat: Der Nachwuchs meistert eine Tanzvorführung mit Bravour

PYRENÄEN

Bergregion mit Sonderstatus

In der schönen Bergwelt der Pyrenäen überlebte mit Andorra ein mittelalterliches Gebilde bis in die Neuzeit hinein. Ein souveräner Staat ist das Fürstentum erst seit kurzem, doch als Ausflugsziel erfreut es sich schon seit Jahrzehnten großer Beliebtheit. Dank schroffer Berge und unzugänglicher Täler genoss noch eine weitere Miniregion in den katalanischen Pyrenäen lange Zeit eine gewisse Autonomie: das Val d'Aran, das schon in vergangenen Zeiten und auch heute wieder eine Sonderstellung innerhalb Kataloniens hat.

Typisch Pyrenäen: schneebedeckte Berge, grüne Wiesen und Täler, mittelalterliche Orte

PYRENÄEN

96–97

Sie waren alle gekommen. Zivil- und Strafrechtler, Verwaltungssachverständige, Experten für internationale Abkommen sowie Vertreter von Menschenrechtsorganisationen. Alle machten sich Gedanken darüber, wie es mit Andorra weitergehen sollte. Sie verhandelten mit Joan Martí Alanis, dem Bischof des spanischen Pyrenäenstädtchens La Seu d'Urgell und einem der Kofürsten von Andorra, u.a. über Freiheitsrechte, Gewaltenteilung, Gerichtsbarkeit und Schulreform. Bald darauf, im Sommer 1990, musste der Bischof wieder umfangreiche Verhandlungen führen. Diesmal forderten hohe Funktionäre der spanischen Gewerkschaft CNT die Einführung des Streik- und Demonstrationsrechts sowie der Arbeitslosenversicherung in dem Fürstentum. Aber bis heute sind noch nicht alle ihre Forderungen erfüllt.

Einige Bürgerrechte fehlen noch
1990 war Andorra noch ein mittelalterlich geprägtes Fürstentum, das keine staatliche Souveränität und keine eigene Verfassung besaß, das keine modernen Institutionen kannte und von den „copríceps", den Ko-

„Viele Bürgerrechte, die der Bischoff von La Seu d'Urgell verhandelt hatte, wurden ab 1993 in dem Zwergstaat etabliert."

fürsten, regiert wurde, nämlich dem französischen Staatspräsidenten und eben dem Bischof von La Seu d'Urgell. Der Bischof soll als einer der Ersten auf eine Verfassung gedrängt haben, die das anachronistische Gebilde in den Pyrenäen 1993 schließlich erhielt. Von nun an war Andorra ein souveräner Staat und eine parlamentarische Republik. Viele Bürgerrechte, die u.a. mit dem Bischof von La Seu d'Urgell ab Ende der 1980er-Jahre verhandelt worden waren, wurden ab 1993 in dem Zwergstaat etabliert. Aber es glückte nicht

01 *Blick auf Andorras Hauptstadt La Vella*
02 *Pas de la Casa an der Grenze zu Frankreich*
03 *Rathaus von Encamp: moderne Architektur*
04 *Vor der Kletterwand in Camillo*

PYRENÄEN

„Was diesseits der Pyrenäen Wahrheit, ist jenseits Irrtum."

Blaise Pascal

mit allen Rechten: So ist das verfassungsmäßig garantierte Versammlungs- und Demonstrationsrecht noch immer nicht in nationales Recht umgesetzt worden; es gibt keinen Kündigungsschutz, und wer als Ausländer – und das ist die Mehrheit der in Andorra lebenden Menschen – im Land seine Arbeit verliert, erhält kein Arbeitslosengeld, sondern die Aufforderung, den Ministaat zu verlassen.

Es heißt, Bischof Joan Martí Alanis, der nach 1993 neben dem französischen Staatspräsidenten als repräsentatives Staatsoberhaupt von Andorra fungierte, habe dem 29. November 2003 mit Freude entgegengesehen. Denn an diesem Tag wurde er 75 Jahre alt, durfte somit sein Bischofsamt niederlegen und hatte mit den innenpolitischen Streitereien in Andorra nichts mehr zu tun.

Nicht nur billig

Das Fürstentum ist seit Jahrzehnten als Ausflugsziel sehr beliebt. Aber nicht die traumhafte Landschaft und das größte zusammenhängende Skigebiet der Pyrenäen locken die Gäste, sondern das steuerfreie Einkaufsparadies. Andorra aber möchte weg vom Image, „größter Supermarkt der Welt" zu sein und bietet vermehrt teuren Schmuck, edle Mode und hochwertige Kosmetika an, Güter, deren Preise sich denen in Spanien und Frankreich weit gehend angeglichen haben. Im touristischen Bereich jedenfalls darf schon lange nicht mehr mit Billigpreisen gerechnet werden.

Die Araner und ihr Sonderstatus

Noch eine Miniregion in den Pyrenäen genießt eine Sonderstellung: das westlich gelegene Val d'Aran. Hier wird Aranès gesprochen, ein romanischer, dem Gascognischen verwandter Dialekt mit baskischen Anleihen, und die Einwohner des Tales betrachten sich kaum als Katalanen – zu lange lebten sie isoliert vom Rest der Welt. Erst der Bau einer Passstraße 1925 und die Eröffnung des fünf Kilometer langen Vielha-Tunnels 1948 beendeten die Isolation.

Politisch haben die Araner lange Autonomie genossen. Bereits 1265 erhielten die zum aragonesischen Königreich gehörenden Araneser die für eine Selbstverwaltung notwendigen Garantien. Nachdem ein eigener Generalrat dann über ein Jahrhundert lang verboten war, wurde er 1991 wieder eingerichtet. Seither sind die aranesischen Institutionen und die aranesische Sprache durch das Parlament von Katalonien anerkannt und geschützt.

01 *Bergdorf in der Serra del Cadí*
02 *Im Parc Nacional de Aigüestortes*
03 *Rafting auf der Noguera Pallaresa bei Sort*
04 *In Arties im Val d'Aran*
05 *Wanderer im Parc Nacional de Aigüestortes*

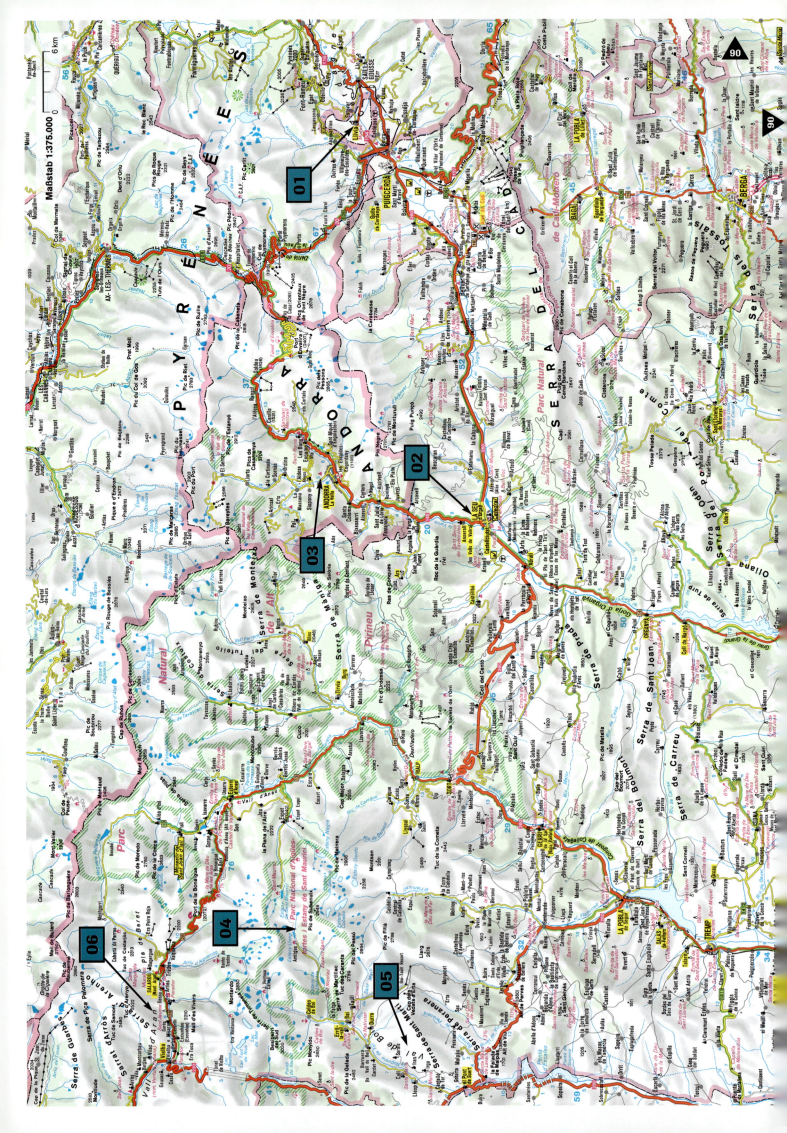

Welt der „gewundenen Wasser"

Im Herzen der Region liegt eine der schönsten Hochgebirgslandschaften der Pyrenäen: der Nationalpark Aigüestortes. Die rund 200 Seen und vielen Flüsse haben ihm seinen Namen gegeben – Aigüestortes bedeutet „gewundenes Wasser". Für Kunstbegeisterte ist die Region eine Schatzkammer: Im Jahr 2000 wurde das einzigartige romanische Kichenensemble im Val de Boí zum Weltkulturerbe der Menschheit erklärt. Der Zwergstaat Andorra ist v.a. bei Schnäppchenjägern beliebt.

01 LIÍVIA

Das mittelalterliche, denkmalgeschützte Städtchen (1223 m) ist eine spanische Enklave im französischen Hoheitsgebiet und kann von Puigcerdà aus über eine 6 km lange „neutrale" Straße erreicht werden.

SEHENSWERT Im Ort gibt es das **Museu Municipal**, das Berühmtheit erlangt hat, da hier die Einrichtung, Gefäße und Gerätschaften einer Apotheke aus dem 15. Jh. – vermutlich der ältesten in Europa – ausgestellt sind.

UNTERKUNFT Sehr beliebt ist das relativ teure Landhotel **Sant Guillem**, dem ein gutes

Restaurant des Hotels Sant Guillem in Llívia

Restaurant angeschlossen ist; C/Esport, 2, Tel. 972146367, Fax 972146169.

INFORMATION
Patronat Municipal de Turisme, C. dels Forns, 10
Tel. 972896313

02 LA SEU D'URGELL

Schon seit dem 6. Jh. ist der Ort Bischofssitz. La Seu d'Urgell ist der Hauptort des Wintersportgebiets Alt Urgell, das ideale Bedingungen für Skilanglauf bietet. Im Sommer werden die beiden Hauptflüsse von Alt Urgell, Riu Segre und Riu Valira, gern von Wildwasserfahrern aufgesucht. Der Markt, der am Dienstag und Samstag in der Altstadt abgehalten wird, ist der wichtigste in den Pyrenäen. Man sollte etwas von den guten Milchprodukten probieren, für die die Stadt bekannt ist.

SEHENSWERT Die **Kathedrale Santa Maria** (Catedral La Seu), mit deren Bau im 12. Jh. begonnen wurde, hat einen schönen Kreuzgang (13. Jh.). Wertvollstes Stück des **Diözesanmuseums** (Museu Diocesà) ist eine Abschrift der Apokalypse des Beatus von Liébana (11. Jh.) mit schönen Buchmalereien. Um die Kathedrale erstreckt sich das malerische **mittelalterliche Stadtviertel** mit dem **Bischofspalast**. Insbesondere entlang der Straßen Carrer Major und Carrer dels Canonges, der beiden von Nord nach Süd verlaufenden Hauptgassen des Zentrums, findet man hübsche Häuser mit Arkadengängen.

UNTERKUNFT Eine in der imposanten Pyrenäenlandschaft gelegene feudale Unterkunft ist das Hotel **El Castell**, zu dem ein gutes Restaurant gehört; N-260, km 229, Tel. 973350000, Fax 973351574, www.hotelelcastell.com.

INFORMATION
Valls d'Andorra, 33
Tel. 973351511, Fax 973360156
www.turismeseu.com

03 ANDORRA

Das 468 km² große Fürstentum Andorra, in den östlichen Pyrenäen zwischen Spanien und Frankreich gelegen, gehört zu den kleinsten Ländern der Welt. Eine Straße führt über etwa 45 km von La Farga de Moles bei La Seu d'Urgell bis zur Grenzstadt Pas de la Casa einmal durch Andorra hindurch. Das Leben im Zwergstaat spielt sich im Wesentlichen im Talbecken von Andorra la Vella, der Hauptstadt des Landes, ab.

LANDSCHAFTSBILD Geprägt wird das Landschaftsbild von zerklüfteten, engen Tälern zwischen steilen Bergen, von Bergseen und idyllischen Dörfern. Hier finden sich schöne Wanderwege und – im Winter – herrliche Skipisten.

GESCHICHTE Lange Zeit hatte das heute souveräne Principat d'Andorra schon einen besonderen Status mit einer am mittelalterlichen Lehnsrecht orientierten Verfassung.
Von 1278 bis 1993 war das Fürstentum ein autonomer Feudalstaat und unterstand der Hoheit des spanischen Bischofs von La Seu d'Urgell und des französischen Grafen von Foix, dessen Rechtsnachfolger dann der französische Staatspräsident wurde. Noch bis ins 20. Jh. war Andorra nur über Schmugglerpfade erreichbar; 1913 und 1931 wurden dann die ersten grenzüberschreitenden Straßen gebaut. Doch erst 1950 nahm man in Spanien und Frankreich von dem Fürstentum richtig Notiz, als sich das Land zum zollfreien Gebiet erklärte und in eine einzige Duty-Free-Oase verwandelte.

DUTY-FREE-OASE Allein in der Hauptstadt und im Nachbarort warten rund 4000 Einzelhandelsgeschäfte und etwa 100 Kaufhäuser auf Kunden. Täglich verstopfen Reisebusse und Pkw die Straßen. In den Einkaufsstraßen der Hauptstadt Andorra la Vella und des benachbarten Ortes Escaldes-Engordany reiht sich über Kilometer ein Geschäft an das andere. Die angereisten Kauflustigen drängen sich von früh bis spät in den Läden. An den Grenzstationen müssen sie dann am Abend lange Wartezeiten in Kauf nehmen.

Tipp

Rafting-Paradies

Beliebtestes Rafting-Revier Kataloniens ist der Noguera Pallaresa, und die wildeste Strecke bildet der Abschnitt zwischen Llavorsí und der Collegats-Klamm.
Am Fluss entlang finden sich mehrere Agenturen, die Wildwasserfahrten in Schlauchbooten mit erfahrenen Bootsführern anbieten. Der Fluss wird auch gern mit Kajaks, Kanus und Hydrospeed-Brettern (zum Wildwasserschwimmen mit Kunststoffbrettern) befahren. Die Saison dauert von April bis August, die beste Zeit ist von Mai bis Juni.

INFO

BEVÖLKERUNG Nur etwa ein Fünftel der rund 65 000 Einwohner sind „echte" und wahlberechtigte Andorraner; alle anderen kommen aus Spanien, Frankreich und Portugal.
Etwa 95 % der Bevölkerung bekennen sich zur römisch-katholischen Kirche. Amtssprache ist Katalanisch; Spanisch und Französisch sind die wichtigsten Verkehrssprachen.

WIRTSCHAFT Andorra hat keine eigene Währung; Zahlungsmittel ist, obwohl das Land nicht zur EU gehört, der Euro. Das Fürstentum ist eines der reichsten Länder Europas. Der Staat erhebt fast keine Steuern und finanziert seinen Haushalt durch den Verkauf von Sammlerbriefmarken sowie durch Konzessionsgebühren zweier Rundfunksender und durch Stromexport nach Frankreich. Die bedeutendste Einnahmequelle des Zwergstaates Andorra bildet allerdings der Tourismus, für den keine Investitionen gescheut werden.

Tipp

Klassische Wanderroute

Im Nationalpark Aigüestortes sind die Wege für Fuß- und Skiwanderungen im Allgemeinen sehr gut markiert. Die klassische Wanderroute durch den Nationalpark ist die Durchquerung von Ost nach West. Die Strecke Espot – Boí ist 30 km lang und nicht übermäßig schwierig. Man sollte etwa zwei bis drei Tage einkalkulieren.
Gute Übernachtungsmöglichkeiten sind die Berghütten Refugi Mallafré am See von Sant Maurici mit Schlafplätzen für 24 Personen und – weiter westlich – Refugi d´Estany Llong am Llong-See. Legt man die Route von Espot zum Estany de Sant Maurici in einem Jeep-Taxi zurück und fährt dann von den Quellen von Aigüestortes nach Boí in einem Minibus weiter, dauert die Parkdurchquerung vier bis fünf Stunden.

SEHENSWERT Das interessanteste Gebäude in der **Hauptstadt Andorra la Vella** ist die aus Natursteinen um 1580 für eine Adelsfamilie errichtete **Casa de la Vall**, die heute als Sitz der Regierung dient. Im Nachbarort **Escaldes-Engordany**, der immer mehr mit der Hauptstadt zusammenwächst, ist das 1994 eröffnete **Badeparadies Caldea** allein wegen seiner bizarren Architektur sehenswert.
Einen Besuch lohnt auch die **Kirche Santa Coloma** im gleichnamigen Dorf, ein romanisches Gotteshaus, dessen runder, vierstöckiger Turm sich von den übrigen Kirchtürmen im Fürstentum unterscheidet. Zu den in jüngster Zeit entstandenen Wintersportzentren gehört **Encamp**, die drittgrößte Stadt des Landes. Auf den nahe gelegenen Bergen, wie beispielsweise dem Pic Pessons (2865 m) liegt bis zu acht Monate im Jahr Schnee (Schneekanonen).

UNTERKUNFT Zentral in Andorra la Vella findet man das moderne Fünf-Sterne-Hotel **Crowne Plaza**, in dem man aus den gemütlichen Suiten unterm Dach einen guten Blick über die Stadt hat (Prat de la Creu 8, Tel. 376874444, Fax 376874445). Etwas günstiger ist das Mittelklassehotel **Andorra Park**, ebenfalls in Andorra la Vella (Les Canals, 24, Tel. 376877777, Fax 376820983).

INFORMATION
Andorra la Vella: Av. Dr. Vilanova
Tel. 376820214, Fax 376825823
www.andorra.ad

04 NATIONALPARK AIGÜESTORTES

Der 1955 gegründete Nationalpark ▶ TOP-ZIEL ist ein mehr als 14 000 ha großes alpines Gebiet mit bis zu 3000 m hoch aufsteigenden Bergen und zahlreichen Gletscherseen, darunter dem Estany de Sant Maurici, dem flächenmäßig größten See.
Die über 2700 m hohen Zwillingsberge Els Encantats sind die bekanntesten im Nationalpark. Seinem Namen Aigüestortes („gewundene Wasser") macht der Park alle Ehre. Neben rund 200 Seen finden sich hier zahlreiche Bäche, Flüsse, Wasserfälle und Feucht- bzw. Sumpfgebiete.
Dazwischen breiten sich Kiefern- und Tannenwälder aus oder Weideflächen – für Rinder- und Pferdeherden –, die im Frühjahr mit ihrer Blütenfülle einen bezaubernden Anblick bieten.
An Tieren bekommt man meist Gämsen zu sehen, gelegentlich auch Steinadler, Gänsegeier, den geheimnisvollen Bartgeier mit einer Flügelspannweite von bis zu 3 m oder die bis zu 1,9 m lange (ungiftige) Gelbgrüne Zornnatter.

ZUGANG ZUM PARK Der Zugang ist möglich von Espot im Osten, wo sich auch eines der größten Skigebiete Kataloniens befindet, und von Boí im Westen. In beiden Orten gibt es Informationszentren, die u.a. Karten bereithalten. Eine Straßenverbindung durch den Park besteht nicht, so dass mit dem Pkw zwischen den beiden Zugangsorten große Distanzen zu bewältigen sind.

INFORMATION
Parc Nacional d´Aigüestortes i Sant Maurici
www.mma.es
Boí: Alta Ribagorça; Plaça del Treio, 3
Tel. 973696189
Espot: Prat del Guarda, 4
Tel. und Fax 973624036

05 VAL DE BOÍ

Das Tal von Boí ist extrem dünn besiedelt, besitzt aber einige der schönsten romanischen Kirchen Kataloniens, die einen Abstecher lohnen. Am nördlichen Ende des Boí-Tales liegt in herrlicher Landschaft der Thermalbadeort Caldes de Boí mit 37 Quellen (4 – 56 °C).

ANFAHRT Von der N230 zweigt die kleine Straße L-500 ab, die parallel zum Riu Noguera de Tor bis nach Caldes de Boí einmal quer durch das gesamte Tal hindurchführt.

SEHENSWERT In **Boí**, dem westlichen Zugang zum Nationalpark von Aigüestortes, sind in der Kirche Sant Joan sehr schöne Fresken zu sehen. Von Boí aus fährt man in Richtung Osten weiter nach **Taüll**. In der Ortsmitte von Taüll steht die Kirche Santa Maria, etwas außerhalb Sant Climent. Beide Gotteshäuser stammen aus dem 12. Jh. Sie weisen mehrstöckige Glockentürme auf – der Glockenturm von Sant Climent ist sogar sechsstöckig. Die einzigartigen Wandmalereien in beiden Kirchen sind Kopien (Originale im Museu d´Art de Catalunya in Barcelona). Aber selbst die Kopien sind ausgesprochen eindrucksvoll; vor allem die Ausmalung von Sant Climent gilt als ein Meisterwerk der katalanischen Kirchenmalerei. Im Jahr 2000 wurde dieses Gotteshaus mit sieben weiteren Kirchen in dieser Region in die Unesco-Liste des Weltkulturerbes aufgenommen.

UNTERKUNFT Das **El Manantial** in Caldes de Boí ist ein großes Hotel der gehobenen Mittelklasse; Caldes de Boí, Tel. 973696210, Fax 973696058, geöffnet: 1. Juni – 30. Sept.

INFORMATION
Barruera: Passeig de Sant Feliu, 43
Tel. 973694000, Fax 973694121
www.vallboi.com

PYRENÄEN

06 VAL D'ARAN

Das 620 km² große Hochtal auf der Nordseite des Pyrenäenkamms, in dem die Quellbäche der Garonne (span./katalan. Garona) entspringen, ist eines der schönsten Täler der Pyrenäen. Früher lebten die Menschen in dem Tal von Viehzucht und Forstwirtschaft, heute ist der Tourismus die wichtigste Einnahmequelle.

SEHENSWERT In **Vielha**, dem Hauptort des Tals, lohnt die Pfarrkirche einen Besuch. In dem Gotteshaus wird die romanische Christusfigur „Crist del Mig Aran" aufbewahrt, eine lebensgroße Holzfigur, die Teil einer ehemaligen Kreuzabnahmegruppe war (12. Jh). Wer sich für die Geschichte des Tals und seiner Einwohner interessiert, kann sich darüber im Museu Etnològic, im Ethnologischen Museum im Carrer Major, informieren. **Salardú** hat mit der Kirche Sant Andreu aus dem 13. Jh. eine schöne romanische Kirche. Der Ort eignet sich hervorragend als Startpunkt für Wanderungen in die Dörfer des oberen Aran-Tals. Eine schöne Wanderung führt z.B. nach **Tredós**, ein Ort in 1295 m Höhe mit einer ehemaligen Templerkirche (12. Jh.). In dem waldreichen Quellgebiet **Uelhs deth Joèu**, zu dem man von Vielha aus in westlicher Richtung über Les Bordes kommt, entspringt die Garona de Joèu.

AKTIVITÄTEN Das Tal hat für Urlauber einiges zu bieten: Wanderwege und Bergtouren in einer beeindruckenden Landschaft, Angelfreuden an Gebirgsbächen oder Wintersportspaß in den Orten Vielha, Salardú, Artíes und vor allem an den Skistationen Baquèira-Beret und Tuca-Betrén.

UNTERKUNFT Das moderne Vier-Sterne-Hotel **Sol Vielha** im Zentrum von Vielha direkt am Fluss bietet komfortable Zimmer; C. Aneto, 1, Tel. 973638000, Fax 973638009.

INFORMATION
Vielha: Sarriulera, 10
Tel. 973640110, Fax 973640372, www.aran.org

Romanisch ist auch die Kathedrale in La Seu d'Urgell

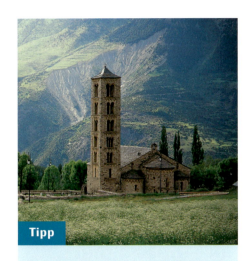
Tipp

Romanik gegen Gotik

Neben dem Modernisme ist die Romanik der bedeutendste Architekturstil Kataloniens. Über 2000 romanische Bauwerke gibt es innerhalb der katalanischen Grenzen: Burgen, Paläste, Brücken und vor allem Kirchen – von der einfachen Landkirche bis hin zu großen Klöstern und Kathedralen.

Unter lombardischem Einfluss brachte die katalanische Romanik im 11. Jh. Kirchen von imposanter Schönheit hervor, wie die dreischiffige Kirche von Sant Pere de Rodes an der nördlichen Costa Brava und die Burgkirche Sant Vicenç von Cardona, die 1040 geweiht wurde.

Die katalanische Romanik entwickelte aber auch selbstbewusst eigene Stilelemente. So gilt zwar die Gotik als die Kunstrichtung, die in die Höhe strebt, doch die höchsten Türme in Katalonien sind die von romanischen Kirchen.

Im Pyrenäenort Taüll, im hoch gelegenen Val de Boí, stehen sogar zwei sehr hohe Kirchtürme, nämlich der sechsstöckige Glockenturm von Sant Climent und der vierstöckige von Santa Maria. Andere spektakuläre Turmbauten sind die Türme von Sant Pere de Rodes, der viereckige Glockenturm der Kathedrale von Vic und die achteckigen Türme von Sant Pere de Galligants in Girona.

Katalonien hielt noch am romanischen Stil fest, als anderswo schon längst der gotische Baustil Maßstäbe setzte – so auch bei den großen Zisterzienserklöstern Santa Maria de Poblet, Santa Maria de Vallbona und Santes Creus, die zwar teilweise schon schöne gotische Spitzbögen aufweisen, aber dennoch keinen klaren stilistischen Bruch mit der Romanik erkennen lassen.

Nicht versäumen!

KULTUR

Mittelalterlicher Bischofssitz
Das Herz der malerischen Altstadt von La Seu d'Urgell bilden der Bischofspalast und die Kathedrale Santa Maria. Den wunderschönen Kreuzgang schufen Baumeister aus dem Roussillon.

Siehe Nr. 02

AKTIV

Unterwegs im Nationalpark
Zahlreiche gut markierte Wanderwege durchziehen den spanischen Nationalpark Aigüestortes. Der Park mit ca. 200 Seen schützt eine der schönsten Landschaften der Pyrenäen.

TOPZIEL Siehe Nr. 04

AKTIV

Gute Pisten
Anhänger des Wintersports finden im Val d'Aran eines der bedeutendsten Skigebiete Spaniens, Baquèira Beret, mit an die fünfzig Pisten (100 km). Die Skipisten sind großzügig und offen angelegt und teilweise von Wald umgeben.

Siehe Nr. 06

ERLEBEN

„Circuit Termalico"
Vermutlich nutzen schon die Römer die Thermalquellen in Caldes de Boí zur Entspannung. Heute können die Gäste u.a. einen „Circuit Termalico" mit Dampfbädern, Jacuzzis und diversen Duschen genießen.

Siehe Nr. 05

KULTUR

Unesco-Weltkulturerbe
Im Jahr 2000 hat die Unesco das gesamte romanischen Kirchenensemble im Val de Boí in Taüll, Durro, Boí, Barruera, Erill la Vall, Cardet und Coll zum Weltkulturerbe erklärt.

Siehe Nr. 05

KATALONIEN
für Genießer

Genießer können sich auf Katalonien freuen: Die experimentierfreudige Küche genießt einen exzellenten Ruf – von hier kommt der „beste Koch der Welt". Die Winzer produzieren hervorragende Weine, und auch über den Nachtisch muss sich niemand sorgen: Leckere Desserts, feines Gebäck und Schokoladen gibt es ebenfalls zu entdecken.

EXPERIMENTELLES
aus Topf und Pfanne

Die experimentierfreudige katalanische Küche von heute genießt Weltruf. Aus Katalonien stammt auch der derzeit beste Koch auf dem gesamten Globus. Doch schon in früherer Zeit war die Küche im nordöstlichen Spanien sehr berühmt. So zählten bereits Mitte des 15. Jahrhunderts die katalanischen Köche zu den besten der Welt.

Marzipan-Suppe, Karamell-Grieben

Schon mal eine Suppe genossen, die nach Marzipan schmeckt, Bonbons aus Olivenöl oder karamellisierte Entengrieben, überzogen von einer knusprigen Zuckerschicht? Ein Abend im Restaurant „El Bulli" bei Roses ist ein Ausflug in eine ganz neue Welt der Aromen. Doch nicht nur vom Geschmack der eigenwilligen Kreationen lässt man sich hier verzaubern, sondern auch vom Design der von Starkoch Ferran Adrià (s. Special, S. 25) entworfenen Menüs, die aus 30 Gängen in Form Tapa-ähnlicher Kostproben bestehen. Jährlich gibt es bis zu 100 000 Anfragen, doch nur rund 8000 Gäste können in den Sommermonaten, wenn das Restaurant geöffnet ist, bewirtet werden; jedes Jahr bewerben sich hier 1500 Köche aus aller Welt – nur etwa 35 von ihnen werden für kurze Zeit angestellt, die meisten von ihnen arbeiten freiwillig ohne Honorar.

> „Von Roses aus ergriff der innovative Impuls von Adriàs Küche schließlich die ganze Welt."

Bester Koch der Welt

Im November 2006 wurde Ferran Adrià als erster Koch mit dem bedeutendsten Designerpreis Europas, dem Lucky Strike Designer Award, ausgezeichnet. Für 2007 lud Roger M. Buergel den „Dalí der Küche" zur documenta nach Kassel ein. Denn „Kochen braucht künstlerische Intelligenz", so der Chef der alle fünf Jahre stattfindenden, weltweit wichtigsten Ausstellung zeitgenössischer Kunst, und Adrià sei weit in das breite Feld der darstellenden Kunst vorgedrungen. Maßstäbe setzte der „beste Koch der Welt" mit seiner experimentellen, molekularen Küche aber auch in der Gastronomie selbst, und zwar rund um den Globus. Von Roses aus ergriff der innovative Impuls von Adriàs Küche zunächst zahlreiche katalanische und spanische Restaurants, dann erreichte er das übrige Europa und schließlich sogar die ganze Welt. Technische Neuerer in der Küche sind ferner die drei Brüder Roca von „El Celler de Can Roca" in Girona (s. S. 106). Weltweites Aufsehen in der Gastronomie erregte der von ihnen entwickelte Roner, in dem die Speisen absolut geschmacksschonend mit Mitteln der Vakuumtechnik bei niedrigsten Temperaturen gekocht werden. Auch dieses Trio zählt zur Avantgarde-Küche, u.a. weil es ihm gelang, Vergangenheit und Zukunft der katalanischen Küche genial miteinander zu verbinden.

MÖHREN À LA FERRAN ADRIÀ IM EL BULLI

Lange Tradition

Die katalanische Küche ist keineswegs eine Erfindung der letzten Jahre, kein Ergebnis des Innovationstalents einiger katalanischer Köche. Vielmehr kann sie auf eine jahrhundertelange Geschichte zurückblicken – die Voraussetzungen hierfür waren ideal. „Die Küche eines Landes ist seine Landschaft im Topf", bemerkte einmal der katalanische Schriftsteller Josep Pla (1897 bis 1981). Tatsächlich spiegelt sich die Vielfalt der katalanischen Landschaft in der Küche wider. Stets konnte man beim Kochen auf eigene Produkte aus der Feldwirtschaft und den Bergen, aus dem Anbau von Wein und Olivenbäumen, aus Viehzucht und Fischfang zurückgreifen.

Bereits im Mittelalter erlebte die katalanische Küche ihre erste Glanzzeit, und so verwundert es nicht, dass die ältesten spanischen Kochbücher aus Katalonien stammen und auch auf Katalanisch verfasst wurden. 1324 erschien das „Llibre de Sent Soví", eins der ersten Kochbücher Europas mit zahlreichen katalanischen Rezepten; in der zweiten Hälfte des 14. Jahrhunderts das „Llibre de aparellar de menjar"; im Jahr 1490 kam das gedruckte „Llibre del Coch" des katalanischen Küchenmeisters Rupert de Nola auf den Markt. Mitte des 15. Jahrhunderts erklärte der italienische Historiker Bartolomeo Sacchi die katalanischen Köche zu den besten der damaligen Welt.

Auch die beiden Hauptcharakteristika der katalanischen Küche stammen aus dem Mittelalter: zum einen der Hang zu exotischen Gewürzen, wie Zimt, und die Vorliebe, Pikantes und Süßes miteinander zu kombinieren, zum anderen der Gebrauch von „picada" (fein zerriebenen Nüssen und Kräutern) zum Eindicken der Speisen.

Einen Meilenstein in der katalanischen Kochkunst setzte ferner der Dichter Ferran Agulló, Sohn eines Konditormeisters aus Girona, der als erster den Begriff „Costa Brava" gebrauchte. 1930 veröffentlichte er sein „Llibre de la cuina catalana", ein an der Küche der Gegend Empordà orientiertes Kochbuch, das die Grundlagen für die

KÜCHE

TAPAS FÜR DEN KLEINEN HUNGER: MOZZARELLA-TOMATEN-BROT

gesamte katalanische Küche bildete. Auch Josep Pla ist zu verdanken, dass die in der Region von Girona übliche Küche zum Maßstab für das Kochen in ganz Katalonien wurde. Der große katalanische Autor des 20. Jahrhunderts entwarf die bis heute gültige Maxime, wonach die moderne Küche sich nicht von der traditionellen Kochkunst lösen dürfe. Überraschungen aber sollten erlaubt sein. In seinem Buch „Catalan Cuisine" schreibt der berühmte nordamerikanische Kritiker Colman Andrews: „Was mich an der katalanischen Küche am meisten fasziniert und was ich für wirklich typisch halte, ist ihre Fähigkeit zu überraschen, jene höchst originelle Art und Weise, aus ganz normalen Zutaten die verblüffendsten Dinge zu zaubern, all ihre kleinen Tricks und Geheimnisse, der Funke Verrücktheit, der in ihr steckt."

Edel speisen: Top-Restaurants

El Celler de Can Roca: Das mit zwei Michelin-Sternen ausgezeichnete Restaurant außerhalb von Girona wird von drei Brüdern geleitet.
Der Koch Joan Roca, der u.a. zwei Monate bei Ferran Adrià in die Schule gegangen ist, gehört zur Koch-Elite Kataloniens; seine Brüder Jordi und Josep unterstützen ihn und weitere 14 Köche als Patissier und Sommelier. Die Gäste dürfen beim Kochen zusehen: Die offene Küche befindet sich mitten im Gastraum. Das siebengängige Degustationsmenü kostet 78 €, das Überraschungsmenü 95 €. Im Weinkeller lagern über 1000 verschiedene Weine; dazu zählen auch viele deutsche Produkte, u.a. Riesling von der Mosel, „weil sie so gut zur katalanischen Küche passen".
Ctra. de Taialà, 40, 17007 Girona, Tel. 972222157, www.cellercanroca.com, Sitzplätze: Innen 35, Durchschnittspreis: 80 €, Jahresurlaub: erste Julihälfte und zwei Wochen an Weihnachten, Ruhetag: So. und Mo.

La LLar: Die Kochkünste von Joan Viñas haben dem Restaurant im neorustikalem Stil, das sich in einem alten Gehöft zwischen Roses und Castelló d´Empúries befindet, einen Michelin-Stern eingebracht. Tipp: Perlhuhn mit Pflaumen und Entenleber.
Ctra. C-260, km 40, 17480 Roses, Tel. 972255368, www.restaurantlallar.com, Sitzplätze: Innen 40, Degustationsmenü: 70 €, Jahresurlaub: erste Februarhälfte und zweite Novemberhälfte, Ruhetag: Mi.-Abend und Do.

La Cuina de Can Simón: Das Familienrestaurant neben der Burgmauer und nahe am Strand, das kreative Gerichte auf traditioneller Basis serviert, wurde mit einem Michelin-Stern ausgezeichnet. In der Küche hat Xavier Lores Gelpí das Sagen, im rustikal-eleganten Speisesaal gibt sein Bruder Josep Maria Lores Gelpí den Ton an, zuständig auch für Weine und Nachspeisen. Angeboten werden zwei Degustationsmenüs (52 € und 80 €). Das teurere Menü umfasst 1 Cocktail, 4 Vorpeisen, 2 Hauptgerichte (jeweils Fisch und Fleisch) und 2 Nachspeisen. Tipp: Salmonetes de Tossa en suquet (Rotbarbe).
C. Portal, 24, 17320 Tossa de Mar, Tel. 972341269, www.lacuinadecansimon.com, Sitzplätze: Innen 18, Durchschnittspreis: 55 €, Jahresurlaub: zweite Novemberhälfte, zweite Januarhälfte, Ruhetag: So.-Abend, Mo. und Di.

Àgora: Im Restaurant Àgora, im schönen Frühstücksraum des Hotels Aiguaclara (s. S. 51), kann man sich in gemütlicher Atmosphäre von dem sehr freundlichen Personal verwöhnen lassen. Probieren sollte man das

Fische und Meerestiere gibt es in vielen Restaurants

siebengängige, von Genis Moreno kreierte Degustació-Menü (38 €): mehrere Vorspeisen, Fisch, Fleisch, Nachspeisen. Je nach Saison werden auch Pilz- und Wildgerichte serviert. Tipp: Lassanya Bou de Mar (eine Art Lasagne mit Taschenkrebs, Gambas und Gemüsefüllung). Zu erreichen ist das Lokal über einen Seiteneingang. Im Sommer kann man auch im Garten speisen.
C. Santa Teresa, 3, 17255 Begur, Tel. 972622806, E-Mail: agorarestaurant@aiguaclara.com, Sitzplätze: Innen 35, Außen 20, Durchschnittspreis: 35 €, Jahresurlaub: Januar, Ruhetag: So. und Mo.

SAVOIR VIVRE
106–107

Die katalanischen Köche galten schon immer als kreativ, im El Bulli jedoch entstehen Meisterwerke der Kochkunst.

SÜSSES

SÜSSE SÜNDEN
zu entdecken

Nicht unbedingt für ihre Desserts bekannt, hält die katalanische Küche dennoch viele vorzügliche Süßspeisen bereit. Eine lange Tradition haben die exquisiten Backwaren aus den Konditoreien, und fast jedes Gebäck ist mit einem bestimmten Kirchenfest assoziiert. Auch Schokolade mögen die Katalanen schon seit Jahrhunderten, in den letzten Jahren ist sogar eine regelrechte „Schokoladenkultur" entstanden.

Mit dem Eisen gebrannt

Die Crema catalana oder Crema de Sant Josep weist Ähnlichkeiten sowohl mit der französischen „crème brûlée" als auch mit der portugiesischen „tigelada" auf; auch die Engländer kennen seit Urzeiten einen ähnlichen Nachtisch, der einigen Quellen zufolge im 17. Jahrhundert am Trinity College in Cambridge erfunden worden sein soll. Für die Katalanen ist die Crema catalana die katalanische Nachspeise schlechthin – und somit eine nationale Angelegenheit: Natürlich sei die feine Süßspeise, wie sie gerne behaupten, nicht vom Ausland übernommen, sondern in Katalonien selbst kreiert worden, und sie verweisen dabei auf den französischen Küchenpapst Auguste Escoffier, der die heute in Frankreich sehr beliebte crème brûlée in seinem zu Beginn des 20. Jahrhunderts geschriebenen Nachschlagebuch der französischen und internationalen Küche nicht aufführte. In manchen Familien kommt der köstliche Pudding traditionsgemäß bis heute nur am Josefstag, dem 19. März, auf den Tisch. Die süße Creme besteht aus Eigelb, Milch, Zucker, Zimt und Zitronenschale; in flachen Tonschälchen wird sie kalt serviert. Vor dem Servieren streut man Rohrzucker über die Eier-Milch-Creme, der ganz schnell im Backofen karamellisiert. Gern wird der Zucker auf althergebrachte Weise karamellisiert, in dem man ihn mit einem eigens dafür entworfenen, spiralförmigen, im Feuer erhitzten Eisen schmilzt. Der Zucker wird dabei so hart wie eine hauchdünne Glasschicht und splittert beim Essen.

Nicht nur Pudding

Ein weiterer traditioneller katalanischer Pudding ist der Menjar blanc, eine Nachspeise aus gehackten Mandeln und Milch, mit Maismehl eingedickt und mit Zimt, Zitronenschale und Zucker aromatisiert. Zu jeder Speisekarte gehört der Flam (span.

Naschen mit (kirchlichem) Segen

Viele feine Backwaren werden mit kirchlichen Feiertagen verknüpft. **Coca de llardons** ist ein Griebenfladen, hergestellt aus süßem Hefeteig und Schweinegrieben – eine ideale fetthaltige Grundlage für durchfeierte Nächte während der Karnevalszeit. In der Fastenzeit beliebt ist **Brunyol**, ein mit reichlich Zucker oder Puderzucker bestreutes Ölgebäck in der Art kleiner Krapfen. Brunyols, die landesweit auch unter der Bezeichnung bunyols de l'Empordà geführt werden, genießt man keineswegs nur zur Fastenzeit; man isst sie während der gesamten kälteren Jahreszeit, von September bis Mai. Am Dreikönigstag und an Palmsonntag kommt **Tortell** auf den Tisch, ein Kranzkuchen, der aus Hefeteig, manchmal aber auch aus Blätterteig hergestellt und mit Marzipan gefüllt wird. Am Dreikönigstag wird im Kuchen eine Überraschung, z.B. ein kleiner Glücksbringer, versteckt; der Finder darf an diesem Tag die Dreikönigskrone tragen. An den Ostertagen wird die **Mona de pasqua** gebacken, ein von hartgekochten Eiern geschmückter Osterkringel. Zum Johannisfest (24. Juni) gibt es **Coca de Sant Joan**, einen Hefeteigkuchen mit kandierten Früchten. **Panellets** sind Küchlein aus feingemahlenen Mandeln und Pinienkernen und werden vorwiegend zum Allerheiligentag am 1. November gebacken. Mittlerweile gibt es dieses Gebäck in allerlei Variationen mit Trockenfrüchten, gemahlenen Kastanien oder Kakao. Im Verwaltungsbezirk Garrotxa galten früher die **Farinetes** als typische Weihnachtsleckerei, eine Masse aus Buchweizenmehl und Wasser, die mit Zucker bestreut wird. Heute sind sie Bestandteil der neuen Küche dieser Gegend und werden süß und gesalzen zubereitet. Und was wäre Weihnachten ohne **Torrons**? In ganz Spanien ist das Mandelnougat (span. turrón), das es in verschiedenen Varianten gibt, beliebtestes Weihnachtsgebäck. Natürlich streiten viele spanische Gegenden untereinander, wer denn nun die klebrige Süßigkeit erfunden hat. Die Katalanen behaupten, ein Konditormeister namens Pablo Turrons habe, als Barcelona während des Spanischen Erbfolgekrieges Anfang des 18. Jahrhunderts belagert wurde und der Bevölkerung nur noch Mandeln und Honig als Nahrungsmittel zur Verfügung standen, die süße Schleckerei kreiert. Wahrscheinlich aber stammt der Mandelnougat aus dem arabischen Raum und gelangte über die Mauren nach Spanien.

Nougatspezialität mit Mandeln

Tipp: In der **Pastisseria Escribà** in Barcelona (La Rambla, 83) findet man das feinste Gebäck der Stadt (herrliche Kuchen- und Petitfours-Kreationen), alles im schönsten Jugendstil-Schaufenster der Stadt ausgestellt. Dazu gibt es Tische, im Sommer auch auf der Terrasse, um die Leckereien an Ort und Stelle zu probieren. Antoni Escribà, der Patriarch der 1906 gegründeten Konditorei, ist in Katalonien so berühmt wie Drei-Sterne-Koch Ferran Adrià.

Xocolata-Style

1759 schenkte König Karl III. nach seiner Rückkehr von Neapel nach Barcelona der Schiffsmannschaft als Zeichen seiner Dankbarkeit Schokoladenpulver. Spätestens seither zählt die Schokolade zum beliebtesten Naschwerk der Katalanen. Bis vor kurzem gab es allerdings nur zwei Formen von Xocolata: eine Tafel bittere Schokolade, aus der sich Trinkschokolade herstellen lässt, und die Trüffel. In den letzten Jahren hat sich eine neue Schokoladenkultur entwickelt – mit innovativen Kreationen wie Trüffel, die mit Balsamessig, Olivenöl oder Sardellen aromatisiert sind, oder Schokolade mit Kräuter- und Gewürzaroma.

Natürlich darf hierbei auch das Design nicht zu kurz kommen. Einen wahren Augenschmaus und einen kulinarischen Genuss bieten die Produkte der Filialen von Xocoa in Barcelona (u.a. Petritxol, 11, und Roger de Llúria, 87). Ultramodern eingerichtete Geschäfte, knallige Verpackungen, ein auf Lifestyle getrimmtes Schokoladensortiment sind die Markenzeichen dieses Unternehmens, das – man mag es kaum glauben – 1897 gegründet wurde.

Sogar Kerzen und Räucherwerk mit Schokoladenduft sowie Schokoladen-CDs werden mit großem Erfolg verkauft. Großer Beliebtheit erfreut sich auch das Croissant mit weißer Schokolade, nach dessen Genuss schon mancher Naschwerkmuffel zum Schoko-Süchtigen geworden ist.

Der Klassiker zum Nachtisch: Crema catalana mit Karamelschicht

flan); diese in ganz Spanien beliebte Eiercreme mit Karamellsoße wird in fast allen Restaurants angeboten. Großer Beliebtheit erfreuen sich in Katalonien auch Kombinationen aus Frischkäse bzw. Weincremes und Früchten, wie Birnen mit Ziegenfrischkäse (mató) oder die in Spanien ausgezeichnet reifenden Erdbeeren in einer Cava- oder Weißweinsoße. Eine Köstlichkeit ist auch Mel i mató amb figues, Frischkäse mit Honig und Feigen. Früher wurde der Frischkäse aus Ziegen- oder Schafsmilch zubereitet, heute jedoch meist aus Kuhmilch. Besonders guten Mató gibt es im Dorf Fonteta in der Nähe von Girona. Der Recuit ist ein quarkähnlicher Frischkäse aus der Provinz Girona; hergestellt wird er aus gekochter Milch unter Zusatz eines Artischockenkonzentrats und dann mit Honig, Zucker oder Konfitüre genossen. Die häufigsten, in Restaurants angebotenen Desserts aber sind Eisgerichte und Früchte. Viele Katalanen bevorzugen postre de música (Musikernachtisch) als Nachspeise, eine Art Studentenfutter aus Haselnüssen, Mandeln, Pinienkernen, getrockneten Feigen und Rosinen. Der Name des Gerichts, das auch gern zwischendurch genascht wird, geht auf die mittelalterlichen Musikanten zurück, die mit ihren Darbietungen die Zuhörer bei den Banketts erfreuten und zwischendurch eine Schale mit Früchten und Nüssen erhielten.

Gebäck vom Feinsten

In Katalonien gibt es zahlreiche feine Konditoreiwaren. Kein Wunder! Die Region verfügt über genügend Mandeln und Haselnüsse aus eigenem Anbau, fehlen nur noch als weitere Grundlage Mehl, Zucker und Ei. Welch bedeutende Rolle das Süßgebäck im Nordosten Spaniens spielt, zeigt die Tatsache, dass bereits 1382 in Barcelona die erste Pastisseria (Patisserie) eröffnet wurde, in Paris hingegen erst 1608.

Das Angebot an köstlichen Backwaren in Katalonien ist schier unermesslich, vor allem in der Provinz Girona-Costa Brava verweist jede Gemeinde auf selbstkreiertes Süßgebäck. Aus La Bisbal d'Empordà stammen Bisbalenc, eine mit Kürbiskonfitüre gefüllte und mit Zucker und Pinienkernen bestreute längliche Blätterteigschnitte, die aber heute fast überall in der Provinz Girona zu bekommen ist, und Rus, der „Russe", eine mit Praliné hergestellte Dessertspezialität. Carquinyolis aus Cadaqués und Sant Feliu de Guíxols sind eine Art Keks mit einer Füllung aus ganzen Mandeln und Haselnüssen. Flaona kommt aus dem Empordà und wird mit Creme oder Marzipan gefüllt und zu einem Halbmond ausgeformt. Modernista aus Besalú enthält u.a. Anis, die Tortada aus Banyoles ist ein Biskuitkuchen in Form einer mit Puderzucker eingestäubten Krone. Fast überall in der Provinz erhältlich ist Xuixo, ein kleiner, mit Creme gefüllter länglicher Krapfen aus Hefeteig, der in Öl gebacken und dann mit Zucker bestäubt.

WEIN

GUTE TROPFEN
aus Katalonien

Katalonien ist eine uralte Weinregion, aber erst spät wurden hier bedeutende Rebensäfte produziert. Heute bringen die katalanischen Weingebiete eine Vielfalt an Weinen, darunter Spitzenweine, hervor: Rot-, Weiß- und Roséweine sowie schwere Dessertweine, Weinbrände, Liköre, Wermutweine und Schaumweine. Die Region verfügt über elf der 62 spanischen Denominaciones de Origen (D.O.). Kataloniens Weinwirtschaft profitiert vom Mittelmeerklima; zwar gibt es in den langen, heißen Sommern wenig Niederschläge, doch werden die Weintrauben stets durch eine frische Meeresbrise gekühlt. Ausgesprochen schlechte Jahrgänge kommen hier selten vor.

Alte Weinregion

Wein gibt es in Katalonien schon seit der Antike. Bereits die Griechen bauten in Ampurias, heute Empúries, Wein an, ebenso wie später die Römer. Während der Zeit der Völkerwanderung und der Mauren lagen die Weinfelder brach. Erst mit dem Aufstieg Barcelonas zur Handelsmacht im Mittelmeer (ab 12. Jh.), erlebte auch die Rebenkultur im Nordosten Spaniens eine Renaissance.

1872, nachdem die Reblaus fast alle Weinberge vernichtet hatte, kam der Traubenanbau in der Region fast zum Erliegen. Zwar erholte sich der Weinbau wieder, doch bis in die 1950er-Jahre galten die in Katalonien produzierten Weine als minderwertig. Das sollte sich im folgenden Jahrzehnt grundlegend ändern, als katalanische Weinproduzenten in die Modernisierung ihrer Kellertechnik investierten und u.a. gekühlte Gärbehälter einführten. Seither überzeugen die katalanischen Weine durch feinste Fruchtaromen und zarte Geschmacksnuancen. Das liegt nicht zuletzt auch daran, dass neben den traditionellen weißen Rebsorten wie Parellada, Macabeu und Xarel.lo neue Trauben eingeführt worden sind wie Chardonnay, Sauvignon Blanc, Chenin blanc, Gewürztraminer, Muscat und Rheinriesling, und man die Rotweintrauben Ull de Llebre (span. Tempranillo), Garnatxa (span. Garnacha) und Carinyena (span. Cariñena) u.a. durch die edlen Sorten Cabernet Sauvignon, Merlot und Pinot Noir ergänzt hat.

Die elf Weingebiete

In Katalonien gibt es elf Weinbaugebiete, die wie alle spanischen Weinregionen unter der Herkunftsbezeichnung D.O. (Deno-

DEGUSTATIONSRAUM EINER WEINKELLEREI IN PERALADA

minació d'Origen) geschützt sind. Mit diesem Kontrollsystem wird gewährleistet, dass bestimmte Weine nur in einem limitierten Gebiet aus speziellen Trauben und auf spezielle Weise hergestellt werden. Die qualitativ wichtigsten und größten Anbaugebiete der Region befinden sich südwestlich von Barcelona.

Empordà-Costa Brava, das nordöstlichste Anbaugebiet, erstreckt sich am Fuß der Pyrenäen von der französischen Grenze bis südlich von Figueres. Die rund 3000 ha großen Rebflächen der Region sind der Tramuntana, dem kalten und trockenen Nordnordwestwind aus den Pyrenäen, ausgesetzt; allerdings schützt die Tramuntana vor Pilzkrankheiten und Schädlingen, weshalb hier kaum Pflanzenschutzmittel gespritzt werden müssen. Zu den besten und ergiebigsten Weinsorten des Gebietes zählen die fruchtigen Roséweine mit leichter Säure und einige kräftige Rotweine, die aus den Rebsorten Garnatxa (span. Garnacha), Ull de Llebre, Cabernet Sauvignon und Merlot gewonnen werden. Die Weißweinsorten – Macabeu (span. Macabeo) und Xarel.lo – dienen vorwiegend der Schaumweinproduktion.

Alella ist ein kleines Tal nördlich von Barcelona an der Mittelmeerküste, wo traditionell seit der Römerzeit Wein, inzwischen auch Cava, angebaut wird. Doch die Anbaufläche schrumpft – von 1600 ha vor 30 Jahren auf 400 ha. In Alella gedeihen überwiegend herbe Weißweine mit geringem Alkoholgehalt.

In Pla de Bages, nördlich des Klosters Montserrat, wachsen die wichtigsten europäischen Rebsorten prächtig. Berühmt ist die Region, deren 550 ha Rebflächen überwiegend auf einer durchschnittlichen Höhe von 400 m angelegt sind, für die einheimische Traube Picapoll, die frische und leichte Weißweine hervorbringt.

Das südwestlich von Barcelona gelegene Penedès, das von den Hängen des Maciso del Montserrat im Westen bis an die Küste des Mittelmeeres reicht, ist die bekannteste, qualitativ wichtigste und mit fast 28 000 ha Rebfläche größte Weinregion Kataloniens. Das Penedès, das wuchtige Rotweine, exzellente Weißweine und einen herausragenden Cava (s. Tipps, S. 81) sowie sehr gehaltvolle und fruchtige Roséweine erzeugt, ist in drei Bereiche unterteilt: Alt Penedés, Penedès Mig und Baix Penedès.

Die Rebflächen von Conca de Barberà erstrecken sich hinter dem Penedès, westlich im Landesinneren. Früher entstanden in der hügeligen, steinigen Region nur einfache Weißweine, in den letzten Jahren jedoch ist das Niveau erheblich angestiegen. Mittlerweile werden in dieser Gegend auch Chardonnay-Weine gekeltert sowie fruchtige Rotweine und leichte, ziemlich frische Roséweine hergestellt.

Das über 4000 ha große Anbaugebiet von Costers del Segre rund um Lleida bzw. zu beiden Seiten des Segre liefert u.a. kräftige Rotweine, u.a. aus den Rebsorten Cabernet Sauvignon und Pinot Noir.

Bereits der römische Geschichtsschreiber Plinius lobte die Weine von Tarragona. Aus der heutigen Weinregion Tarragona kommen leichte bis kräftige Weißweine aus Macabeu, Parellada, Xarel.lo. Auch rote Likörweine werden hier produziert.

Die besten (und teuersten) katalanischen Rotweine bringt das heiße und trockene Bergland von Priorat, westlich bzw. inmitten des Anbaugebietes Tarragona, hervor. Einige der vorwiegend aus Garnatxa- und Carinyena-Trauben gewonnenen tiefdunklen Rotweine gehören zur Weltspitze. Angebaut werden inzwischen auch die internationalen Sorten Cabernet Sauvignon, Merlot, Syrah, Pinot Noir, Chenin Blanc.

Das 1800 ha große Gebiet Montsant legt sich wie ein Gürtel um die D.O. Priorat. Die Rebflächen (Höhe: 200 – 700 m) bringen neben Weiß-, Rot- und Roséweinen auch Weiß- und Rotweinliköre hervor.

Terra Alta mit seinen kargen Böden liegt südwestlich des D.O. Tarragona im bergigen Hochland um Gandesa. Die Weinberge erstrecken sich in rund 400 m Höhe an den Hängen und in den Flusstälern des Algar und Canaleta. Bekannt ist die Region für kraftvolle Weiß- und Rotweine u.a. aus Macabeu-, Garnatxa-Trauben. Auch höherwertige französische Rebsorten (Chardonnay, Merlot) werden gepflanzt.

Das Anbaugebiet Catalunya (7000 ha) ist in mehrere Teile zwischen La Jonquera und Tarragona zersplittert. Produziert werden hier frische und fruchtige Weiß-, Rot- und Roséweine.

Weinverkostung mit Stil

Schon die Mönche erzeugten im alten Karmeliterkloster von Peralada, 6 km nordöstlich von Figueres (s. S. 34), ausgezeichnete Weine. Heute führt Javier Suqué in dritter Generation die **Cavas Castillo de Perelada**. Mit inzwischen 150 ha Rebfläche können 80 % des eigenen Bedarfs gedeckt werden, die übrigen Trauben kauft das Weingut von Vertragswinzern hinzu. Produziert werden leichte bis schwere Weiß-, Rosé- und Rotweine vorwiegend aus Trauben des Weingebietes Empordà-Costa Brava, aber auch aus anderen spanischen sowie französischen Rebsorten. Die Hauptproduktion konzentriert sich auf Cava; der Prestige-Cava heißt Gran Claustro.
Plaça del Carme, 1, E-17491 Peralada. Weinproben können reserviert werden unter Tel. 972538011, Fax 972538277, www.perelada.com

1991 haben die Oliver-Brüder Xavier und Jordi ihren Traum verwirklicht und begannen am Ortsrand von Capmany, zwischen Figueres und La Jonquera östlich der A 7, als absolute Newcomer Wein zu produzieren. Schon die ersten Weine aus dem Jahr 1997 – Sauvignon Blanc, Gewürztraminer, Cabernet Sauvignon und Merlot – wurden in Katalonien geradezu euphorisch gefeiert. Heute werden in der kleinen Kellerei **Oliver Conti**, um die herum die 15 ha Weinberge angelegt sind, Rot- und Weißweine von guter Qualität hergestellt, u.a. Cabernet Franc, Pinot Noir und süßer Gewürztraminer.
Oliver Conti, E-17750 Capmany, Tel. 972193 161, Fax 972193040, www.oliverconti.com

Celler Espelt ist ein Familienunternehmen in Vilajuïga, auf halber Strecke zwischen Figueres und Llançà. In der extrem modern gestalteten Kellerei dominieren Glas und Stahl – Design-Interessierte werden hier ihre Freude haben. Es werden vorwiegend junge Weiß-, Rot- und Roséweine produziert. 2003 wurde der weiße Mareny von „Radio Turismo" in Madrid mit einer Goldmedaille ausgezeichnet und in die Liste der 100 besten Weine Spaniens aufgenommen.
Paratge Mas Satlle, E-17493 Vilajuïga, Tel. 972531727, Fax 972531741, www.cellerespelt.com

2005 wurden die Kooperativen von Vilajuïga und Pau-Roses (2,5 km südöstlich von Vila-

Weinreben bei Can Codorníu

juïga) fusioniert. Unter dem Namen **Empordàlia** verwaltet die neue Kooperative 350 ha Weinberge; mit einem Ausstoß von 20 000 Hektoliter Wein produziert sie 20 % der Produktion der Denominació d´Origen Empordà-Costa Brava. Mit der Weinmarke Sinols (Weiß-, Rosé- und Rotweine) hat die Kellerei bereits mehrere Preise gewonnen.
Ctra. de Roses, E-17494 Pau, Tel. 972530140 Fax 972530528, www.paurosescooperativa.com

SERVICE

ANREISE

Mit dem Flugzeug: Aus Deutschland, Österreich und der Schweiz bestehen direkte Verbindungen im Linien- und Charterverkehr zum Flughafen von Barcelona Prat de Llobregat, 10 km südlich des Stadtgebietes.
Die regional orientierten Flughäfen von Girona (Costa Brava) und Reus bei Tarragona (Costa Daurada) werden von Billigfliegern angeflogen.

Mit dem Auto: Es empfiehlt sich die Fahrt durch das Rhône-Tal und über Perpignan zum französisch-spanischen Grenzübergang Le Perthus/La Jonquera (französische Autobahn A 9, gebührenpflichtig). Von hier aus sollte man die im Küstenbereich verlaufende – ebenfalls gebührenpflichtige – A 7 bis nach Sant Carles de la Ràpida im Ebre-Delta benutzen.

Mit der Bahn: Die Bahn verkehrt über Cerbère/Portbou an der französisch-spanischen Grenze.
In Portbou muss zur Weiterfahrt in Richtung Barcelona wegen der unterschiedlichen Spurweite der Schienen meistens der Zug gewechselt werden. Wer nach Süden weiterfahren will, muss in Barcelona nochmals umsteigen.
Mit dem DB AutoZug kann man ganzjährig von Düsseldorf, Frankfurt/Neu Isenburg, Hamburg und Hildesheim bis Narbonne nahe der französisch-spanischen Grenze fahren und von dort mit dem Auto weiter an die Costa Brava (Information, Beratung und Buchung über Tel. 01805/241224 oder unter www.dbautozug.de).

Mit dem Bus: Touringbusse (Europabusse) der Deutschen Touring Gesellschaft verkehren von mehreren deutschen Städten nach Katalonien, u.a. nach Figueres, Girona, lloret de Mar und Barcelona (Infos: Deutsche Touring Gesellschaft, Am Römerhof 17, D-60486 Frankfurt, Tel. 069/790350, Fax 7903219, E-Mail: service@deutsche-touring.com).

AUSKUNFT

Internet: www.spain.info (Website der spanischen Fremdenverkehrsbehörde; weitere Adressen s. Internet)

In Deutschland: Spanisches Fremdenverkehrsamt, Kurfürstendamm 63, D-10707 Berlin, Tel. 030/8826543, Fax 8826661, E-Mail: berlin@tourspain.es, Prospektversand: Tel. 06123/99134, Fax 9915134

In Österreich: Spanisches Fremdenverkehrsamt, Walfischgasse 8, A-1010 Wien, Tel. 01/5129580, Fax 5129581, E-Mail: viea-@tourspain.es

In der Schweiz: Spanisches Fremdenverkehrsamt, Seefeldstr. 19, CH-8008 Zürich, Tel. 044/2536050, Fax 2526204, E-Mail: zurich@tourspain.es

In Katalonien: Turisme de Catalunya, Passeig de Gràcia, 107, E-08008 Barcelona, Tel. 932384000, Fax 932384010, www.gencat.net/turistex_nou (auch auf Deutsch)

Costa Brava: Patronat de Turisme Costa Brava Girona, Av. Sant Francesc, 19 4t, E-17001 Girona, Tel. 972208401, Fax 972221570, www.costa-brava.org

CAMPING

Wildes Campen ist generell verboten. Die meisten Campingplätze findet man in der Nähe der Küste. In den Hochsommermonaten ist es ratsam, rechtzeitig im Voraus zu buchen (Infos: Federación Española de Campings y Ciudades de Vacaciones, Calle de San Bernardo 97–99, Tercera Planta, Oficina BC, E-28015 Madrid, Tel. 914481234, Fax 972481267).

ESSEN UND TRINKEN

Speisen: Neben der baskischen Küche gilt die katalanische als die beste und fantasiereichste in Spanien (siehe auch Seite 105/106).
An der Küste schätzt man frischen Fisch und Meeresfrüchte, in den fruchtbaren Tälern und in der Bergwelt im Hinterland eher deftige Gerichte aus Lamm, Schwein oder Kaninchen, Wild, Forellen oder Pilzen. Hier gibt es auch die „botifarra", eine gut gewürzte Bratwurst (s. S. 89).
Katalonien ist auch die einzige Region in Spanien mit regionaltypischen Nudelgerichten, wie „canelons", mit Fleisch gefüllten Pasta-Röllchen und „fideus a la catalana", eine Paella-Variante aus gebratenen Fadennudeln mit Fisch, Fleisch und Gemüse. Bestandteil eines katalanischen Essens ist oft „pa amb tomàquet", ein mit Tomaten und Olivenöl eingeriebenes Weißbrot. Der Besucher sollte unbedingt auch Baguettes probieren, die in Katalonien gerne mit Fleisch, Wurst, Schinken, Salami, Käse oder Fisch belegt und mit Tomaten oder einer pikanten Soße genossen werden.

Getränke: Die Weingebiete Kataloniens bringen eine größere Vielfalt an Weinen hervor als alle anderen Regionen Spaniens (siehe Seite 110/111).

FEIERTAGE

1. Januar (Any Nou, Neujahr), 6. Januar (Reis Mags, Dreikönigstag), 19. März (Sant Josep, Josefstag), Karfreitag, Ostermontag, 1. Mai (Dia del Trebal, Tag der Arbeit), 29. Juni (Peter und Paul), 25. Juli (Jakobstag), 15. August (Assumpcío, Mariä Himmelfahrt), 11. September (Katalanischer Nationalfeiertag), 24. September (La Mercè, Tag der gnadenreichen Jungfrau), 12. Oktober (Diada de la Hispanitat, Tag der Entdeckung Amerikas), 1. November (Tots Sants, Allerheiligen), 6. Dezember (Verfassungstag), 8. Dezember (Inmaculata Concepció, Mariä Empfängnis), 25. Dezember (Nadal), 26. Dezember (Stephanstag).

Tipp

Traumhafte Unterkünfte

Wer einmal hochherrschaftlich wohnen möchte, sollte sich für einige Tage in einem Parador einmieten. Meist sind die Paradores de Turismo (PT) in historischen Gebäuden, mittelalterlichen Burgen oder alten Klöstern eingerichtet.

Parador de Aiguablava
Der Parador bei Begur liegt auf einem vom Meer umspülten Felsen (Platja de Aiguablava, Tel. 972622162, Fax 972622166).

La Seu d'Urgell
Das Hotel steht direkt neben der romanischen Kathedrale in La Seu d'Urgell (Tel. 973352000, Fax 973352309).

Parador de Artíes
Dieser Parador ist in einem Schieferhaus im Nordwesten der katalanischen Pyrenäen zu finden (Tel. 973640801, Fax 973641001).

Parador de Vielha
Das Hotel liegt mitten in den Bergen über dem Val d'Aran (Tel. 973640100, Fax 973641100).

Parador Vic-Sau
Bemerkenswert ist der ruhig gelegene Vier-Sterne-Parador Vic-Sau, ein traditionelles katalanisches Gehöft 14 km nordöstlich von Vic. Dieser Parador erhebt sich über einem Stausee, dem Pantà de Sau, und gewährt von vielen Zimmern einen herrlichen Blick auf den See und die Berge (Paraje el Bac de Sau, E-08500 Vic-Sau, Tel. 938122323, Fax 938122368, s.S. 97).

Informationen und Reservierung
Central de Reservas, Requena, 3; 28013 Madrid; Tel. 0034/902547979, Fax 0034/902525432; www.parador.es

ANHANG

GELD

In Spanien ist der Euro Zahlungsmittel. Banken sind Mo. – Fr. 9.00 – 14.00 und Sa. 9.00 – 13.00 Uhr geöffnet. Geldautomaten gibt es überall.

GESUNDHEIT

Apotheken: Farmàcies (Apotheken) sind Mo. bis Fr. 9.30 – 13.30 und 16.30 – 20.00 sowie Sa. 9.00 bis 12.30 Uhr geöffnet. Welche Apotheke außerhalb dieser Zeiten Dienst hat, erfährt man in Zeitungen oder auf einem Aushang an jeder Apothekentür.

Versicherung: Vor einem Spanienaufenthalt sollte man die neuesten Bestimmungen bei der zuständigen Krankenkasse erfragen. Sinnvoll ist zudem eine private Versicherung, die im Notfall auch für einen Rücktransport aufkommt.

In der Altstadt von Figueres

HOTELS

siehe Infoseiten der einzelnen Regionen

INTERNET

www.spain.info: s. Auskunft
www.costabrava.org: s. Auskunft
www. gencat.net/turistex_nou: s. Auskunft
www.publintur.es: ausführliche Katalonien-Website mit Informationen zu einzelnen Reisezielen, Unterkunft, Stränden, Naturparks und Urlaubsaktivitäten (Engl., Span., Katalan.)
www.dlleure.com: Unterkunft, Urlaubsaktivitäten, Strände und Gastronomie – auch auf Deutsch
www.barcelonaturisme.com: Website des Fremdenverkehrsamtes von Barcelona mit Tipps für Unterkunft, Gastronomie, Freizeitvergnügen und Verkehrsmittel – Katalan., Span., Engl., Franz.

KONSULATE

Deutschland: Deutsches Generalkonsulat, Passeig de Gràcia, 111, E-08008 Barcelona, Tel. 932921000, Fax 932921002

Österreich: Honorargeneralkonsulat Marià Cubí, 7, 1°, 2a, E-08006 Barcelona, Tel. 933686003, Fax 934151625

Schweiz: Schweizerisches Generalkonsulat, Edifici Trade, Gran Via de Carlos III, 94-7°, E-08028 Barcelona, Tel. 934090650, Fax 934906598

LITERATUREMPFEHLUNGEN

Baedeker Allianz Reiseführer Costa Brava
6. Aufl. 2007
Detaillierte Informationen zu Orten an der Costa Brava, an der Costa del Maresme und dem jeweiligen Hinterland sowie zu Barcelona.

Daten und Fakten

Autonome Region
Katalonien, eine der 17 Autonomen Regionen Spaniens (etwa mit den deutschen Bundesländern vergleichbar), liegt im äußersten Nordosten der Iberischen Halbinsel und besitzt eine Fläche von 31 930 km² (ca. 6,5 % von Festlandsspanien).

Landesnatur
Katalonien ist die nördlichste der spanischen Mittelmeerlandschaften; es erstreckt sich von den Pyrenäen im Norden bis zum Ebre-Delta im Südwesten und von der Küste ca. 250 km landeinwärts. Die Küstenpartien im nördlichen Bereich sind streckenweise stark zerklüftet (daher auch der Name Costa Brava = Wilde Küste), weiter südlich findet man fast ausschließlich flache Sandstrände vor. Das Landesinnere Kataloniens ist sehr gebirgig. Die Pyrenäen, die mit über 3000 m alpine Höhen erreichen, bilden die Nordgrenze zu Frankreich; hier befindet sich auch das Fürstentum Andorra. Parallel zur Küste verläuft ein zweiter Höhenzug, das Katalanische Gebirge, das die östlichen Pyrenäen mit dem nordöstlichen Randgebirge der innerspanischen Meseta verbindet. Zwischen Segre und Ter breitet sich eine Flusslandschaft mit tiefen Tälern aus.

Bevölkerung
In Katalonien leben rund 6,3 Mio. Menschen (16 % an der spanischen Bevölkerung). Den größten Ballungsraum der Region und den zweitgrößten des Landes stellt der Großraum Barcelona dar (ca. 4,6 Mio. Einwohner). Die Katalanen bekennen sich fast ausnahmslos zur römisch-katholischen Kirche.

Wirtschaft
Katalonien gehört wirtschaftlich zu den stärksten Regionen Spaniens. Rund 16 % der spanischen Bevölkerung erwirtschaften hier 20 % des spanischen Bruttosozialprodukts. Haupterwerbszweige sind die Industrie – u.a. Papierherstellung, Metallverarbeitung (darunter auch Fahrzeugbau), Textilindustrie, Leder- und Korkverarbeitung – sowie das Dienstleistungsgewerbe, vor allem der Tourismus. Die Mittelmeerküsten Kataloniens gehören zu den ältesten Zielen des europäischen Nachkriegstourismus. Nach den Franzosen stellen die Deutschen den größten Anteil an Auslandsgästen.

SERVICE

Baedeker Allianz Reiseführer Barcelona
7. Aufl. 2007
Alle Sehenswürdigkeiten Barcelonas.

Alicia Giménez Bartlett: Gefährliche Riten
Unionsverlag 2002
Das erste Buch der erfolgreichen spanischen Krimiautorin in der Petra-Delicado-Romanreihe. In den Straßen von Barcelona muss die Polizeiinspektorin einen Vergewaltiger aufspüren.

Felix Hofmann: Wüste Küste, Costa-Brava-Geschichten
Verlag Winfried Jenior, Kassel 1991
Spannende Geschichten von der Costa Brava mit ungewöhnlichen Handlungen und unerwarteten Ausgängen. Leitmotive aller Erzählungen: Geld, Sex und Wahn.

Mercé Rodoreda: Aloma
Suhrkamp 1992
Der 1938 verfasste Roman der berühmtesten katalanischen Schriftstellerin schildert zwei Liebesdramen, die sich während eines heißen Sommers in einer Vorstadt von Barcelona ereignen.

Caroline Roe: Der blinde Heiler von Girona
Rowohlt 2001
Kriminalroman, der im Girona des 14. Jh.s spielt und von den Bemühungen eines jüdischen Arztes erzählt, in der Stadt einer mysteriösen Krankheit auf die Spur zu kommen.

Edith Etherington-Smith: Dali
Fischer Verlag 1996
Fesselnd geschriebene Biografie über Dalí.

MIETWAGEN

Es gibt zahlreiche Anbieter sowohl in den Städten als auch an den Flughäfen. Ein Preisvergleich lohnt sich. Für eine längere Mietdauer sind Vorausbuchungen aus Deutschland oft billiger.

NOTRUF

Polizei, Krankenwagen und Feuerwehr: 112

REISEDOKUMENTE

Reisende aus Deutschland, Österreich und der Schweiz benötigen für die Einreise einen gültigen Personalausweis oder einen Reisepass. Autofahrer müssen den Führerschein, den Fahrzeugschein und die Internationale Grüne Versicherungskarte mit sich führen. Hund und Katze brauchen ein Gesundheitszeugnis vom Amtstierarzt mit Tollwutimpfbescheinigung.

Geschichte

Ab 7. Jh. v. Chr. Als erste Bewohner des heutigen Katalonien sind die Iberer, Berbern verwandte Volksstämme aus Nordafrika, nachgewiesen. Nacheinander lassen sich Griechen, Kelten und Karthager in Katalonien nieder.

2. Jh. v. Chr. – 4. Jh. n. Chr. Römische Herrschaft, die Katalonien schließlich einen fast 400 Jahre währenden Frieden bringt.

Ab 375 n. Chr. Während der Völkerwanderungszeit dringen germanische Stämme ein.

476 – 711 Auf der Iberischen Halbinsel herrschen die Westgoten.

Ab 711 Araber besetzen große Teile der Iberischen Halbinsel, 717 erreichen sie Barcelona. Knapp 100 Jahre wird der östliche Teil Kataloniens maurisch regiert.

875 – 895 Guifré el Pelós vereint mehrere, zum Fränkischen Reich gehörende katalanische Grafschaften. In der Folgezeit erweitern die Katalanen ihr Herrschaftsgebiet.

988 Graf Borell II. erklärt die Unabhängigkeit der Grafschaft Catalunya.

1137 Katalonien und Aragón vereinen sich zu einem Königreich.

12. – 15. Jh. Katalonien steigt zur Seemacht auf und erobert die Balearen und die Region Valencia sowie Sizilien, Sardinien und Neapel.

1492 Nach der Entdeckung der Neuen Welt verlagert sich das Machtzentrum im Königreich nach Kastilien. Dagegen erlebt Aragón-Katalonien einen wirtschaftlichen und – damit verbunden – politischen Niedergang.

17. Jh. Während des Dreißigjährigen Krieges (1618 – 1648) erhebt sich 1641 die katalanische Bevölkerung gegen den spanischen König Philipp IV. Der „Krieg der Schnitter" scheitert jedoch. Im „Pyrenäenfrieden" von 1659, der den Krieg zwischen Spanien und Frankreich beendet, wird Katalonien geteilt: Die Gebiete nördlich der Pyrenäen fallen Frankreich zu.

1701 – 1714 Nach dem Spanischen Erbfolgekrieg verliert Katalonien die letzten Sonderrechte gegenüber Madrid. Verboten wird u.a. der Gebrauch der katalanischen Sprache.

18. Jh. Katalonien ist Vorreiter der industriellen Revolution auf der Iberischen Halbinsel.

19. Jh. Dank der Industrialisierung gelangt Katalonien zu Wohlstand; eine Rückbesinnung auf die eigene Geschichte, Kultur und Sprache setzt ein.

1936 – 1939 Im Spanischen Bürgerkrieg steht Katalonien bis zum Schluss auf Seiten der Republik.

1939 – 1975 Unter der Diktatur Francos wird jede Art von Regionalismus in Spanien brutal niedergeschlagen. Katalanisch darf offiziell nicht mehr gesprochen werden.

1979 Nach Einführung der Demokratie in Spanien (1975) erhält Katalonien als erste Region des Landes ein Autonomiestatut, das Kulturhoheit und eine begrenzte Selbstverwaltung ermöglicht.

Folgezeit Katalonien entwickelt sich zu einer der ökonomisch dynamischsten und am meisten prosperierenden Regionen Europas.

REISEZEIT

Die besten Reisezeiten für die Küste sind das Frühjahr und der Herbst, von April bis Juni sowie September und Oktober; in dieser Zeit herrscht ein mildes Klima mit angenehmen Wassertemperaturen. Die Wintermonate sind hier ebenfalls mild, aber feucht. In den trockenen Sommermonaten ist es oft sehr voll; man sollte dann auf jeden Fall eine Unterkunft vorab buchen. Das Hinterland hat trockene Sommer und kalte Winter. Zu den Pyrenäen hin nehmen die Niederschläge zu und die Temperaturen sinken. Die beste Reisezeit für das Landesinnere Kataloniens liegt zwischen Mai und September.

RESTAURANTS

siehe Infoseiten der einzelnen Regionen

SOUVENIRS

Keramik (Geschirr, Wandteller, Vasen etc.), die man in Katalonien kaufen kann, stammt überwiegend aus den Manufakturen der Stadt La Bisbal bei Begur. Katalonien ist auch bekannt für gute Lederwaren (Schuhe, Kleidung, Accessoires). Die elegantesten Bekleidungs-, Schuh- und Schmuckgeschäfte findet man in Barcelona. Als Mitbringsel eignen sich auch regionale Spezialitäten wie die Botifarra (Bratwurst) aus Vic oder die Sardellen-Konserven (anxoves) aus dem Badeort L'Escala sowie katalanische Weine, katalanischer Cava (Sekt) und spanische Spirituosen.

SPORT

Wassersport
Die katalanische Küste ist ein Paradies für alle erdenklichen Wassersportarten. Sie zählt mit zahlreichen gut ausgestatteten Jachthäfen zu den besten Segelrevieren Spaniens. Zum Surfen eignen sich besonders die flache Costa del Maresme sowie an der Costa Brava der weite Golf von Roses und der Ort El Port de la Selva. Zu den beliebtesten Tauchrevieren zählen das Cap de Creus und die Medes-Inseln bei L'Estartit.

Wandern
Gute Wandermöglichkeiten hat man vor allem im Nationalpark Aigüestortes. Von Sitges kann man durch das Weinbaugebiet Penedès nach Montserrat wandern. Schön ist der europäische Fernwanderweg GR 92 an der Küste entlang zwischen Portbou und Blanes. Die Fremdenverkehrsämter verkaufen die Broschüre „Catalunya en chemins", die mehr als 1000 Wanderwege beschreibt.

Golf
Katalonien besitzt ca. 30 Golfplätze, und es kommen ständig neue hinzu.

Wintersport
Die Pyrenäen entwickeln sich zu einem beliebten Ziel für Skifahrer. Inzwischen gibt es eine Reihe von Skigebieten, u.a. La Molina für alpinen Skilauf und Guils de Cerdanya für Langlauf im Pirineu de Girona. Im Nobel-Skiort Baquèira-Beret treibt auch die spanische Königsfamilie Wintersport. Allein im Vall de Núria gibt es 98 Pisten. Puigcerdà im Cerdanya-Tal ist ein guter Ausgangspunkt zu 15 Stationen für Abfahrts- und Langlaufski in Katalonien, Andorra und Frankreich.

SPRACHE

Offizielle Landessprache ist neben Spanisch (español bzw. castellano) Katalanisch (català), eine eigenständige Sprache und neben dem Spanischen, dem Galicischen (in Nordwestspanien) und dem Baskischen (im Baskenland) eine der vier Sprachen Spaniens. Seit dem 12. Jh. gibt es Zeugnisse der katalanischen Sprache, die mit dem Provenzalischen in Frankreich verwandt ist. Katalanisch wird heute von 6 Mio. Menschen gesprochen; sein Verbreitungsgebiet reicht vom französischen Département Pyrénées Orientales über das spanische Katalonien und Valencia bis hinunter nach Murcia, im Westen bis in die Provinzen Huesca, Zaragoza und Teruel. Auch die Balearen gehören zum katalanischen Sprachraum, und in Andorra ist Katalanisch Staatssprache. In diesem HB Bildatlas werden katalanische Eigennamen und Begriffe verwendet.

Barcelona: Blumenmarkt auf der Rambla

STRASSENVERKEHR

Das Anlegen von Sicherheitsgurten ist Pflicht. Die Höchstgeschwindigkeit beträgt auf Autobahnen 120 km/h, auf Landstraßen 90 km/h und innerorts 50 km/h. Die Promillegrenze liegt bei 0,5. Telefonieren im Auto ist nur mit Freisprecheinrichtung erlaubt. Vorfahrt hat das von rechts kommende Fahrzeug; Kreisverkehr allerdings hat in der Regel Vorfahrt vor dem sich eingliedernden Verkehr.

TELEFON

Öffentliche Fernsprecher
Viele öffentliche Telefonzellen funktionieren mit Münzen und mit Telefonkarten, die in Geschäftsstellen der Telefongesellschaft Telefónica oder in Tabakgeschäften erhältlich sind. Zunehmend verbreitet sind auch Kreditkartentelefone. Telefonate aus dem Hotel sind im Allgemeinen erheblich teurer als solche von öffentlichen Fernsprechern.

Mobil
Die günstigsten Anbieter zum Mobiltelefonieren kann man vor der Reise bei seinem Netzbetreiber in Deutschland erfragen.

Vorwahlen
Nach Deutschland 0049, nach Österreich 0043 und in die Schweiz 0041. Bei Anrufen von Spanien in die oben genannten Länder entfällt die 0 der jeweiligen Ortskennzahl.
Spanien hat die Vorwahl 0034. Die Rufnummern in Spanien sind neunstellig, die Vorwahl des Bezirkes oder der Stadt ist in der Nummer enthalten und wird auch bei Ortsgesprächen mitgewählt. Wer von seinem Mobiltelefon aus einen Teilnehmer innerhalb Spaniens anrufen möchte, muss vor der Rufnummer die Ländervorwahl 0034 eingeben.

SERVICE

VERANSTALTUNGSKALENDER

Jeder Ort und jedes Dorf feiert mindestens einmal im Jahr einen oder mehrere Schutzheilige.
Carnaval: Bunte Karnevalsumzüge mit Masken- und Musikgruppen in vielen Orten. Die schönsten Umzüge werden in Platja d'Aro und in Palamós veranstaltet (Februar/März).
Setmana Santa: Feierlichkeiten der Karwoche in verschiedenen Orten (März/April).
Sant Jordí: Dreifacher Festtag in Barcelona: Fest des hl. Jordí (Georg, Schutzpatron der Stadt), Fest des Buches (Todestag von Cervantes) und Tag der Rose (23.4.).
Concurso-Exposicio de Flores: Blumenausstellung und -wettbewerb in Girona (Mai).
Nit de Sant Joan: Rauschende Feste mit offenen Feuern in der Nacht vor dem Johannistag (23. Juni) in vielen Orten.
Cantada d'Havaneres: Konzerte mit zahlreichen Musikgruppen und Männerchören in Calella de Palafrugell, zur Erinnerung an katalanische Seefahrer, die früher die Route der Antillen befuhren und in den Kneipen von Havanna auf Kuba melancholische Lieder sangen (1. So. im Juli).
Mare de Deu del Carme: Farbenprächtige Meeresprozessionen am Tag der heiligen Jungfrau vom Berg Karmel in vielen Küstenorten (Juli).
Cursa de Llagtus: Segelregatten in Cadaqués mit Llaguts, Schiffen, die früher an der katalanischen Küste gebräuchlich waren (Juli).
Concurso de Pintura Rápida: Zwölfstündiger Schnellmalwettbewerb in Tossa de Mar mit über 200 Teilnehmern (August).
Festival Internacional de Música de La Porta Ferrade: Große Stars aus der Musikszene kommen zum Festival in Sant Feliu de Guíxols zusammen (August).
Festes de la Mercè: Fünf Tage dauerndes Fest in Barcelona für die Schutzheilige der katalanischen Hauptstadt (um den 24. Sept.).
Pessebres vivents: Weihnachtskrippen-Darstellungen in vielen Orten (2. Dezemberhälfte).

VERKEHRSMITTEL

Für die Küstenorte der Costa Brava spielt die Bahn fast keine Rolle: Bei Llança, wenige Kilometer südlich von Portbou an der französisch-spanischen Grenze, zieht sich die Bahnlinie ins Hinterland zurück und erreicht erst bei Blanes wieder die Küste. Ab Malgrat de Mar weiter südlich gibt es eine Bahnlinie, die direkt an der Küste entlangfährt. Auch zahlreiche Orte im Landesinnern von Katalonien sind nicht an das Bahnnetz angeschlossen. Autobusse sind daher das wichtigste öffentliche Verkehrsmittel.

ZEIT

Von Ende Oktober bis März gilt die mitteleuropäische Zeit (MEZ), im Sommer (Ende März bis Ende Okt.) die Sommerzeit (MEZ plus eine Std.).

ZOLLBESTIMMUNGEN

Als Mitgliedsstaat der Europäischen Union (EU) zählt Spanien zum gemeinsamen Wirtschaftsraum, in dem der Warenverkehr für private Zwecke weit gehend zollfrei ist.

Bitte ausfüllen, abtrennen und einsenden!

Top-Abonnement-Trio – supergünstig!

Reisefieber im Vorzugsabo!

☐ Ja, senden Sie mir bitte die nächsten drei Ausgaben HB Bildatlas im Mini-Abo zum Vorzugspreis von nur € 16,80 (D) frei Haus. (HB262)

Meine Anschrift lautet:

Name: _____

Vorname: _____

Straße/Nr.: _____

PLZ: _____ Wohnort: _____

Tel.: _____ E-Mail: _____

Datum: _____ Unterschrift: ✗ _____

In diesen Abonnements ist Musik drin!

Als Dankeschön für Ihre Bestellung erhalten Sie von uns automatisch dieses Mini-Radio gratis.

Nachdem ich die dritte Ausgabe erhalten habe, kann ich 10 Tage prüfen, ob ich den HB Bildatlas weiter beziehen möchte. Lasse ich in dieser Zeit nichts von mir hören, erhalte ich den HB Bildatlas für 6 Ausgaben zum Vorzugspreis von € 44,40 innerhalb Deutschland. Ich kann das Spezial-Abonnement jederzeit kündigen. Das Geld für bereits bezahlte, aber noch nicht gelieferte Ausgaben erhalte ich selbstverständlich zurück.

Bestelladresse: Leserservice HB Bildatlas · Postfach 810640 · 70523 Stuttgart
Tel.: 07 11/7252-265 · Fax: 07 11/72 52-333 · E-Mail: hbverlag@zenit-presse.de

Sollte es wider Erwarten einmal zu Beanstandungen kommen, können Sie sich jederzeit unter folgender Anschrift an mich wenden: HB Verlag, Frau Dr. Mair-Huydts, Marco-Polo-Straße 1, 73760 Ostfildern

REGISTER

ANHANG

116–117

Fette Ziffern verweisen auf Abbildungen.

A
Aiguablava **38**, 112
Aiguafreda 38
Andorra 95–99, 101f
Arenys de Mar **48**, 53
Arties 99

B
Banyoles 91
Baquéira-Beret 115
Barcelona 25, 27, 47, 54–69, **54–69**, 108f, 116
Begur **39**, 51, 106, 112
Berga **88**, 89, 92
Besalú **86**, 91
Blanes **47**, **49**, 53, 115

C
Cadaqués 21, **22**, 23, 33, 116
Callela de Palafrugell 37, **40**, 43, 49, 116
Camillo 97
Cap de Creus **20**, 21, 33, 115
Cap Roig **14f**, **36f**
Cardona **87**, 92
Castellfollit 87
Castello d'Empúries **26**, 34

E
El Port de la Selva **20**, 33, 115
Empúriabrava 34
Empúries **12f**, 110
Encamp **96f**, 102

F
Figueres **22**, 23, **24**, 25, 34

G
Girona 43, **44**, 51f, 106, 116
Guils de Cerdanya 115

L
L'Ametlla de Mar **78**, 82
L'Escala **28**, 34
L'Estartit **29f**, 35
La Bisbal 43, 51
La Molina 115
La Seu d'Urgell 101, 112
La Vella **96**
Llança 33
Lleida 82f, **113**
Llívia 101
Lloret de Mar **46**, 52, 53

M
Monestir de Montserrat **84f**, **88**, 93
Monestir de Poblet 79, 83
Monestir de Santes Creus 79, 83
Monestir Sant Pere de Rodes **20**, 33
Monestir Vallbona de les Monges 79, 83, **115**

O
Olot 87, 91

P
Palafrugell **10f**, 51
Palamós 116
Pals 43, 51
Parc Nacional de Aigüestortes **98f**, 102, 115
Parc Natural Aiguamolls de l'Emporda 34
Parc Natural del Delta del'Ebre 82
Pas de la Casa **96f**
Pau 111
Peralada **27**, 34, 111
Peratallada **42**, 43, 51

Pirneu de Girona 115
Platja d'Aro 39, **41**, 52, 116
Poblat Ibèric 35
Portbou 27f, 115
Port Lligat **24**, 33
Púbol 35
Puigcerdá 115

Q
Queralbs 92

R
Ribes de Freser 91f
Ripoll 85, **86**, 87, 91
Roses **21**, 33, 52, 106

S
S'Agaró 39
Salardú 103
Salou-Cambrills 82
Sant Feliu de Guíxols 39, **43**, 52, 116
Sant Joan de les Abadesses 91
Sant Pere de Pescador **31**, 35
Sant Pol de Mar **39**, 53
Sant Sadurní d'Anoia 77, 81
Serra del Cadí **98**
Sitges **70ff**, 79, 81

T
Tarragona 73, **74**, 75, 81f
Torroella de Montgrí **8f**, 35
Tortosa **79**, 82
Tossa de Mar 39, 41, **47**, 52f, 106, 116

V
Val d'Aran 95, **99**, 103
Val de Boí 102
Vic 89, 92, 112
Vielha 103, 112
Vilafranca de Penedés 81
Vilajuiga 111
Vilanova I La Geltrú 81

IMPRESSUM

2. Auflage 2007

Verlag: HB Verlag, Marco-Polo-Straße 1, 73760 Ostfildern, Postfach 3151, 73751 Ostfildern, Tel. 0711/4502-0, Fax 0711/4502-135, www.hb-verlag.de, info@bildatlas.de
Geschäftsführer: Dr. Thomas Brinkmann, Dr. Stephanie Mair-Huydts
© HB Verlag, für den gesamten Inhalt, soweit nicht anders angegeben
Chefredaktion und Programmleitung: Rainer Eisenschmid, Birgit Borowski
Redaktion: Jörg Gensel, Hamburg
Text: Achim Bourmer, Köln
Exklusiv-Fotografie: Arthur F. Selbach, Hamburg
Titelbild: Getty Images/De Agostini
Zusätzliches Bildmaterial: S. 4/5 unten, Bildagentur Huber/Ripani; S. 4 unten, 25 unten, 104, 107: Corbis/Sygma/Rougemont, Maurice; S. 41 unten: StockFood/Stempell, Ruprecht; S. 63 unten: HB Verlag/Widmann; S. 105: Corbis/Cazalis, Carlos; S. 108: StockFood/Odgers.
Grafische Konzeption, Art Direktion: fpm factor product münchen
Kartografie: © MAIRDUMONT GmbH & Co. KG, Ostfildern
HB Bildatlas Fotoservice: HB Verlag, Marco-Polo-Straße 1, 73760 Ostfildern, Tel. 0711/4502-266, Fax 0711/4502-1006, a.nebel@mairdumont.com, www.mairdumont.com

Für die Richtigkeit der in diesem HB Bildatlas angegebenen Daten – Adressen, Öffnungszeiten, Telefonnummern usw. – kann der Verlag keine Garantie übernehmen. Nachdruck, auch auszugsweise, nur mit vorheriger Genehmigung des Verlages. Erscheinungsweise: monatlich.

Anzeigenvermarktung: MAIRDUMONT MEDIA, Tel. 0711/4502333, Fax 0711/45021012, media@mairdumont.com, http://media.mairdumont.com
Vertrieb Zeitschriftenhandel: PARTNER Medienservices GmbH, Postfach 810420, 70521 Stuttgart, Tel. 0711/7252-227, Fax 0711/7252-310
Vertrieb Abonnement: Zenit Pressevertrieb GmbH, Postfach 810640, 70523 Stuttgart, Tel. 0711/7252-265, Fax 0711/7252-333, hbverlag@zenit-presse.de
Vertrieb Buchhandel und Einzelhefte: MAIRDUMONT GmbH & Co KG, Marco-Polo-Straße 1, 73760 Ostfildern, Tel. 0711/4502-0, Fax 0711/4502-340
Reproduktionen: Otterbach Medien KG GmbH & Co., Rastatt
Druck und buchbinderische Verarbeitung: Neef + Stumme & Co. KG Wittingen.
Printed in Germany

Autoatlas

Symbol	Beschreibung
	Autobahn mit Anschlussstelle und Anschlussnummer - Gebührenstelle
	Autobahn in Bau - geplant
	Rasthaus mit Übernachtung - Tankstelle Kiosk - Autohof
	Autobahnähnliche Schnellstraße - in Bau
	Fernverkehrsstraße mit Anschlussstelle Wichtige Hauptstraße - Hauptstraße
	Nebenstraßen - Fahrweg - Fußweg
	Europa-, Autobahn-, Straßennummer
	Straßentunnel
	Steigung - Pass - Wintersperre
	Straße für Wohnanhänger nicht empfehlenswert - gesperrt
	Gebührenpflichtige Straße - Straße für Kfz gesperrt
	Landschaftlich schöne Strecke - Touristenstraße
	Autofähre an Flüssen - Autofähre - Schifffahrtslinie
	Hauptbahn mit Bahnhof - Nebenbahn mit Haltepunkt
	AutoZug-Terminal - Museumseisenbahn
	Zahnradbahn, Standseilbahn - Kabinenseilbahn - Sessellift
	Verkehrsflughafen - Regionalflughafen Flugplatz - Segelflugplatz
	Entfernung in km an Autobahnen
	Entfernung in km an Straßen
	Besonders sehenswerter Ort
	Sehenswerter Ort
	Besonders sehenswertes Bauwerk
	Sehenswertes Bauwerk
	Besondere Natursehenswürdigkeit
	Natursehenswürdigkeit
	Sonstige Sehenswürdigkeiten
	Info - Hinweis
	Botanischer Garten, sehenswerter Park Zoologischer Garten
	Nationalpark, Naturpark - Aussichtspunkt
	Kirche - Kapelle - Kloster - Schloss, Burg Ruinen
	Denkmal - Windmühle - Höhle
	Campingplatz - Jugendherberge
	Hotel, Motel, Gasthaus - Berghütte - Feriendorf
	Schwimmbad - Strandbad - Heilbad
	Turm - Funk-, Fernsehturm - Leuchtturm
	Moschee - Ehemalige Moschee
	Golfplatz - Jachthafen - Badestrand
	Staatsgrenze - Verwaltungsgrenze
	Grenzkontrollstelle intern. - mit Beschränkung
	Sperrgebiet - Wald
	Heide - Salzgewinnung
	Sand und Dünen - Wattenmeer

LIEFERBARE AUSGABEN

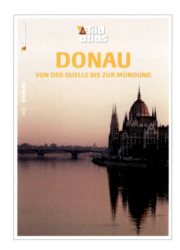

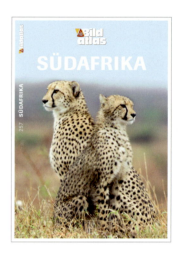

HB BILDATLAS

Deutschland

227 Allgäu
198 Altmühltal
204 Bayerischer Wald
235 Berlin
235 Berlin (englische Ausgabe)
289 Bodensee
298 Brandenburg
296 Chiemgau · Berchtesgadener Land
274 Dresden · Sächsische Schweiz
256 Eifel · Aachen
260 Elbe und Weser · Bremen
171 Erzgebirge · Vogtland · Chemnitz
190 Fichtelgebirge · Frankenwald · Coburger Land
242 Frankfurt · Taunus · Rheingau
269 Fränkische Schweiz
253 Hamburg
263 Harz
188 Hessisches Bergland
234 Hunsrück · Naheland · Rheinhessen
233 Leipzig · Halle · Magdeburg
209 Lüneburger Heide
285 Mainfranken
307 Mecklenburgische Seen
240 Mecklenburg-Vorpommern
151 Mittelfranken
249 Mosel
165 München
255 Münsterland · Münster
281 Nordseeküste · Schleswig-Holstein
196 Oberbayern zwischen Lech und Inn
271 Odenwald · Bergstraße
219 Osnabrücker Land · Emsland · Oldenburger Münsterland · Grafschaft Bentheim
155 Ostbayern zwischen Donau und Inn
211 Ostfriesland · Oldenburger Land
290 Ostseeküste · Mecklenburg-Vorpommern
277 Ostseeküste · Schleswig-Holstein
215 Pfalz
194 Potsdam · Havelland
243 Rhein zwischen Köln und Mainz
288 Rhön
208 Rügen · Usedom · Hiddensee
161 Saarland
258 Sachsen
286 Sachsen-Anhalt
268 Sauerland
200 Schwäbische Alb
266 Schwarzwald · Norden
214 Spreewald · Lausitz · Märkisch-Oderland
247 Südlicher Schwarzwald
224 Sylt · Amrum · Föhr
182 Tauber und Neckar · Stuttgart · Heilbronn · Rothenburg
173 Teutoburger Wald · Ostwestfalen
261 Thüringen
141 Thüringer Wald
202 Trier
237 Weserbergland

Benelux

246 Amsterdam
187 Flandern · Brüssel
275 Niederlande

Frankreich

160 Atlantikküste
278 Bretagne
217 Burgund
225 Côte d'Azur · Monaco
222 Elsass
221 Korsika
295 Normandie
229 Paris
192 Provence
184 Südfrankreich · Languedoc-Roussillon

Griechenland

193 Athen · Peloponnes
189 Korfu · Ionische Inseln
228 Kreta
166 Zypern

Grossbritannien · Irland

294 Irland
197 Kanalinseln
175 London
231 Nordengland
304 Schottland
241 Südengland
216 Wales

Italien · Malta · Kroatien

195 Adriaküste · Emilia-Romagna
239 Gardasee · Trentino
156 Golf von Neapel · Kampanien
265 Italienische Riviera
282 Italien · Norden
238 Kroatische Adriaküste
254 Malta
210 Mittelitalien: Marken · Umbrien · Abruzzen
270 Oberitalienische Seen · Mailand
230 Piemont · Aostatal
226 Rom
264 Sardinien
232 Sizilien
201 Süditalien: Apulien · Basilikata
207 Südtirol
267 Toskana
181 Venedig · Venetien · Friaul · Triest

Mittel- und Osteuropa

292 Baltikum
164 Böhmen
280 Bulgarien
283 Danzig · Ostsee · Masuren
248 Prag
291 St. Petersburg
244 Südpolen
306 Tschechien
297 Ungarn

Österreich

162 Burgenland
293 Kärnten
199 Niederösterreich · Wachau
218 Oberösterreich
220 Salzburger Land · Salzkammergut · Salzburg
174 Tirol
206 Wien

Schweiz

305 Schweiz
302 Tessin
191 Westschweiz

Spanien · Portugal

236 Algarve · Lissabon
223 Andalusien
287 Barcelona
150 Costa Blanca
262 Costa Brava
176 Gran Canaria · Fuerteventura · Lanzarote
213 Ibiza · Menorca
259 Kanarische Inseln
245 Lanzarote
212 Mallorca
203 Nordportugal
205 Nordspanien
177 Teneriffa · La Palma · Gomera · Hierro

Skandinavien

183 Bornholm
279 Dänemark
186 Jütland
180 Nordnorwegen
276 Norwegen · Süden
169 Südfinnland · Helsinki
250 Südschweden · Stockholm

Türkei

252 Türkische Mittelmeerküste

Außereuropäische Ziele

273 Australien Osten · Sydney
284 China
251 Kanadas Westen
299 Neuseeland
272 New York
257 Südafrika

Länderübergreifende Bände

308 Donau

HB BILDATLAS SPECIAL

Afrika · Naher Osten

67 Ägypten
64 Arabien: V. A. Emirate · Oman · Kuwait · Qatar · Bahrain
52 Indischer Ozean: Madagaskar · Mauritius · La Réunion · Seychellen · Komoren
72 Marokko
61 Namibia
71 Tunesien · Libyen

Australien · Ozeanien

45 Australien: Westen

Europa

54 Madeira · Azoren · Kapverden

Süd- und Südostasien · Ferner Osten

12 Bali · Lombok · Java
10 Hongkong
53 Indien: Rajasthan · Delhi · Agra
69 Philippinen
34 Sri Lanka und Malediven
49 Südkorea
70 Thailand
36 Vietnam

Süd- und Mittelamerika · Karibik

44 Argentinien
57 Chile
55 Dominikanische Republik · Haiti
63 Ecuador und Galápagos-Inseln
60 Jamaika
65 Kleine Antillen: Antigua Guadeloupe · Martinique · Barbados u. a.
73 Mexiko
51 Peru

USA · Kanada

58 Alaska
62 Florida
2 Kalifornien
68 Las Vegas · Grand Canyon
46 Neuengland · Boston
56 Nordwesten: Washington · Oregon
66 Route 66
26 Südwesten: Nevada · Utah · Arizona · New Mexico
59 Texas

HB BILDATLAS SONDERAUSGABEN

Ski-Special Alpen 2008
Alpen Special 2007